Digitala transformationer

Per-Olof Ågren

Förlag: Books on Demand GmbH, Stockholm, Sverige.
Tryck: Books on Demand GmbH, Norderstedt, Tyskland.

ISBN: 978-91-7463-550-8

Kopimi ▲ Per-Olof Ågren 2014.

Omslagsbild: *Tageszeiten-Zyklus: Der Mittag* av Caspar
David Friedrich (1821).

Innehållsförteckning

Förord

Dessa essäer har tidigare publicerats på Västerbottens-Kurirens kultursida, flertalet i den artikelserie som passande nog benämns *Perspektiv*. Syftet med denna artikelserie är att ge utrymme för längre essäer.

Essäerna kan tyckas spänna över flera fält – från normer på internet till arbetets spelifiering. Det finns emellertid en gemensam beröringspunkt, även om det inte uttrycks explicit, i klartext: den pågående sammanblandningen av det digitala och det analoga.

I internets barndom tänkte vi oss ett liv på nätet och ett liv utanför nätet – i den fysiska världen, som man uttryckte det. I dag blir den tankefiguren allt mer osannolik. Det går i princip inte att vistas i samhället utan att någon av våra handlingar registreras digitalt, samtidigt som vi i allt högre utsträckning tillämpar digital logik på vår organisation av samhället.

Det pågår, med andra ord, ständiga digitala transformationer. Det är om dessa transformationer boken handlar. Arbete, privatliv, forskning, prat, politik, spel och utbildning är några framträdande samhällsområden där digitala transformationer sker.

Jag är glad över att kulturredaktören Sara Meidell så välvilligt ger mina essäer utrymme på VK Kultur. Det ger mig möjlighet att uttrycka tankar som annars kanske enbart förblivit tankar.

Umeå, december 2014
Per-Olof Ågren

Från massproduktion till digital slöjd

Den trend som på engelska kallas Do It Yourself (DIY) och som på svenska blir gör det själv, är en trend som har haft sina toppar och dalar. Termen dök upp på 1950-talet och beskrev människor som exempelvis byggde med elektronik eller publicerade egna tidningar. I någon mening var sjuttiotalets punkvåg också ett uttryck för denna trend; för att spela i ett band behöver man inte vara professionell musiker.

Trenden finns även inom heminredning och husrenovering. Hellre än att anlita hantverkare eller köpa färdiga möbler gör man det själv – målar, lägger golv, bygger bokhyllor, snickrar altaner. Odlar grönt i stället för att köpa.

På internet har gör-det-självtrenden alltid varit stark. Bygga webbsidor, skapa bloggar, skriva finurlig programkod, sätta upp egna servrar i stället för att förlita sig på professionella programmerare eller tillhandahållare av webbtjänster. Men däremellan? Mellan materialitet och digitalitet? Mellan bitar och atomer? Även där kan trenden skönjas. Egna digitala fotografier som antingen skrivs ut på hemmaskrivaren eller skickas till en fotobyrå för utskrift. Egna texter som publiceras som böcker med hjälp av print-on-demandförlag.

Nu ser det ut som om trenden accelererar ytterligare i utrymmet mellan det digitala och det fysiska. På MIT finns Center for Bits and

En maker är en sorts gör-det-självperson; en innovativ hemmapulare.

Atoms, en forskningsavdelning som studerar gränserna mellan det fysiska och det digitala. Närmare bestämt hur man kan omvandla digitala data till fysiska objekt – och omvänt, fysiska objekt till data.

Om denna trend har Chris Anderson skrivit boken *Makers: The New Industrial Revolution*.[1] Han är en av tidskriften Wireds redaktörer och är främst känd för att ha uppfunnit det användbara begreppet The Long Tail (den långa svansen) i boken med samma namn.

En maker är en sorts gör-det-självperson; en innovativ hemmapulare. Men med maker som term pekar Anderson på de som rör sig mellan det digitala och det fysiska, till skillnad från traditionella gör-det-självpersoner som enbart arbetar med fysiska material.

Den centrala tekniken, utöver datorn, är 3D-skrivaren. Det är en "skrivare" som skapar tredimensionella, fysiska objekt utifrån digitala ritningar som skapats i datorn. Det vanligaste ämnet för dessa skrivare är ett slags plastmaterial, men Anderson pekar på experiment med flertalet andra material, såsom metaller och trä. Inte långt borta tycks heller vara att "skriva ut" elektronik på kretskort.

Än så länge är dock dessa 3D-skrivare både dyra och lite skrymmande för att återfinnas i varje hem. Men så talades det även om 2D-skrivarna för tjugofem år sedan. Nu köps såväl bläckstråle- som laserskrivare för under tusenlappen. Men precis som det finns print-on-demandförlag som gör fysiska böcker utifrån pdf-filer, finns det, åtminstone i USA, särskilda 3D-byråer där man kan ladda upp en digital ritning och få ett utskrivet objekt.

Det finns redan en makerkultur, menar Anderson, som har uppstått i mötet mellan gör-det-självkulturen och nätkulturen. Det finns särskilda makergemenskaper på nätet, där man delar digitala ritningar mellan varandra. Det är starkt influerat av rörelsen öppen källkod, där allt är inte bara fritt att ladda ned, utan även fritt att modifiera och förbättra.

Dessa makergemenskaper finns inte enbart på internet, utan även utanför nätet, så kallade maker spaces. Det är lokaler där likasinnade kan *Open design. Kollaborativ design. Gemensam design. Vi blir alla designers.* mötas och använda gemensam teknik, dela kunskap och verktyg och utveckla ritningar. Dessa brukar beskrivas som en blandning av datorlabb och slöjdsal, och kallas ibland även fabrication laboratories.

Open design. Kollaborativ design. Gemensam design. Vi blir alla designers. Makerrörelsen konnoterar även med en annan rörelse i tiden, nämligen individualiseringen. Det finns ett sug efter det unika objektet; att slippa visa upp ett hem fyllt av massproducerade Ikeaprylar, men ett hem med egendesignade föremål, står sannolikt högt på mångas önskelista.

Det behöver som sagt inte innebära att alla designar från ingenting, utan snarare laddar ned en ritning från något makergemenskap och modifierar den utifrån egna preferenser. Och om man inte har koll på sina preferenser, kommer algoritmerna att ha det. Precis som Google lagrar data om dina sökningar för att förfina sökresultaten utifrån dina preferenser, kommer någon nättjänst att göra detsamma med dina makerpreferenser.

Anderson förutspår massproduktionens död i och med denna framväxande rörelse och ger rörelsen epitetet den nya industriella revolutionen. Precis som ångmaskinen, elektriciteten och andra uppfinningar drev fram 1800-talets industriella revolution som skapade fabriker för organiserad massproduktion, menar Anderson att 3D-skrivarna kommer att omvandla industriproduktionen lika omvälvande.

Ett enkelt sätt att kritiskt granska framtidsscenarier är att ställa frågor om det är möjligt, sannolikt och önskvärt. Svaret på första frågan är ja: att 3D-tekniken kommer att utvecklas, förfinas och skapa möjligheter till individbaserad produktutformning torde vara ställt utom tvivel.

Om det är sannolikt att massindustrin försvinner och all produktion individualiseras är något mer tveksamt, även om det är ytterst sannolikt för vissa typer av produkter, där den individuella utformningen är särskilt önskvärd. Det är emellertid lika sannolikt att massproduktionen bibehålls för produkter där individualitet inte är intressant, eftersom massproduktion sannolikt kommer att vara billigare per enhet.

Är utvecklingen av individuellt utformade objekt önskvärd? Det är jag närmast övertygad om. Det är dessutom önskvärt ur andra perspektiv än individperspektivet. I stället för att transportera fysiska objekt långa sträckor, transporteras digitala ritningar över nätet och produceras lokalt, vilket minskar miljöpåverkan.

Är det önskvärt för alla? Som Chris Anderson säger till läsaren, när han hjälper dottern att skriva ut möbler till hennes dockhus: "Om du

En slogan för dagens tillverkare av 3D-skrivare skulle kunna vara: Rip. Mod. Fab.

vore leksakstillverkare, borde detta ge dig rysningar".[2] Vi får se vilka fler branscher som darrar inför denna teknikutveckling.

Rip. Mix. Burn. Så löd Apples reklamslogan för iTunes för tio år sedan. En slogan för dagens tillverkare av 3D-skrivare skulle kunna vara: Rip. Mod. Fab. Kopiera, modifiera, fabricera.

Det blir självfallet även intressant att se vilka branscher som kommer att göra sitt bästa för att stoppa utvecklingen. Jag förutspår att likt musik- och filmindustrin kommer alla producenter med övervärderade varumärken att vilja skydda sina immateriella rättigheter.

Att ladda ned en ritning av en sko från Nike, modifiera den och skriva ut den hemma torde inte gillas. Av Nike. Men skulle tas för givet av de som växt upp med remix och fildelning på nätet.

Även regeringar kommer att vilja reglera utvecklingen. Redan i dag talar man i USA om hur man ska stoppa 3D-utskrifter av fullt användbara pistoler och gevär.[3] Som om inte våra existerande vapenproblem vore tillräckliga.

Att utveckla
nätets normer

Uppdrag granskning gjorde nyligen (130206) det bästa och viktigaste reportaget på flera år. Sekvenserna där kvinnor i offentligheten läste upp exempel på hatiska uttryck och renodlade hotelser mot dem som individer kändes som en åsnespark i mellangärdet. Intervjuerna med männen bakom hat och hot speglade följdriktigt total ignorans.

Hatet och hoten i Uppdrag granskning handlar om kvinnohat och har sina ursprung i sexism och patriarkala strukturer. Andra hatiska och hotande inlägg på nätet har sina ursprung i ren rasism och främlingsfientlighet. Ytterligare annat springer ur politisk högerextremism, vars inlägg ofta riktas mot personer i stället för sakförhållanden och argument. Samtidigt som vi begrundar Uppdrag gransknings reportage, rekommenderas läsning av Lisa Bjurwalds senaste bok *Skrivbordskrigarna*.[4] Bjurwalds fokus är på högerextremismens framfart på olika platser på internet. Såsom tidigare ledarskribent på såväl DN som SvD kan hon inte beskyllas vara någon "kulturmarxist" eller någon annan på den vänsterkant som är ett av högerextremismens hatobjekt.

Bjurwald gör en i flera avseenden bra kartläggning av hur högerextrema grupper agerar på nätet och hur enklavisering går till. Med enklavisering avser hon de processer som leder till att människor söker sig till information, åsikter och propaganda som har en sak gemensamt: det stärker individen i dennes redan groende åsikter. Enklavisering är en form av bubblifiering; man innesluter sig i en informationsbubbla av information som bekräftar ens fördomar och världsbild.

Dessa bubblor av bloggar och diskussionsforum för högerextremism måste också förstås som gemenskaper.

15

Dessa bubblor av bloggar och diskussionsforum för högerextremism måste också förstås som gemenskaper, där gemensamma normer, föreställningar och världsbilder stärker individerna. Sådana bubblor eller gemenskaper kan uppstå kring vilket åsiktsområde som helst; det är inte på något sätt förbehållet högerextremism.

Bjurwalds ärende är emellertid inte enbart att visa oss högerextremistiska strategier på internet. Hennes andra ärende är att undersöka hur vi kan nå "ett sundare nätklimat", som hon uttrycker det.[5] Många med henne har i debatten efter Uppdrag gransknings reportage också föreslagit olika åtgärder.

Detta är inga enkla frågor i en demokrati. Är det en framkomlig väg att inskränka yttrandefriheten ytterligare? Eller ska vi söka lösningar inom ramen för den yttrandefrihet vi har i dag?

Bjurwald svävar lite kring den första typen av lösning. Hon talar om nätets "mörka sida", vilket för henne är vissa effekter den ökade yttrandefriheten nätet fört med sig, exempelvis bristande skydd mot diskriminering och förföljelse. Att yttrandefriheten på internet "inte är oproblematisk". Att sociala medier "är en gudagåva för extremister".[6]

Samtidigt menar Bjurwald att internet har gjort det betydligt enklare att bevaka högerextrema rörelser på nätet, än om de bedrev sin verksamhet under jorden utanför nätet. Nya grupperingar, nya tendenser, nya former av hets, hat och hot upptäcks snabbare än förr.

Så långt det är möjligt bör vi söka lösningar inom ramen för yttrandefriheten, eftersom det är en av demokratins absoluta grundbultar. Det är dock bara att inse att vi måste bli bättre på flera områden. Annars är risken överhängande att någon ivrig lagstiftare inskränker rätten att yttra sig ytterligare.

Enligt min mening finns det fyra internetrelaterade områden där vi måste öka kunskap och förståelse samt bli bättre på att hantera problematiska företeelser.

Så långt det är möjligt bör vi söka lösningar inom ramen för yttrandefriheten.

Inom journalistik och publicism bör tidningar, webbplatser och bloggar bli betydligt bättre på att hantera kommentarsfälten. Jag förespråkar inte att man tar bort kommentarsfälten, utan att publiceringen av kommentarer på en webbpublikation genomgår en liknande redaktionell prövning som exempelvis insändare till papperstidning.

17

Kommentarer kan mycket väl bidra till ökad kvalitet i anslutning till skrivna texter, likaväl som de kan dra ned samtalet till kloakens stinkande nivå, men ansvaret på vilka kommentarer som publiceras måste åligga utgivaren av tidningen eller bloggens ägare.

Inom det juridiska och rättsvårdande fältet bör vi bli bättre på att hantera anmälningar om hot och annat som uppenbart kan lagföras. Det kan utredas både fortare och bättre. Det tillstår även polismyndigheten, efter Uppdrag gransknings reportage.

Svårigheten är att veta vad som faller inom respektive utom lagens råmärken när det gäller kränkningar, hat, förolämpningar och liknande uttryck på nätet. Därför är initiativet till en "legal clinic", en juridikklinik för internetrelaterade kränkningar välkommen. Det är professorn i civilrätt vid Stockholms universitet, Mårten Schultz, som tillsammans med ett antal studenter är initiativtagare. Han ser flera syften med denna klinik.

Inom det juridiska och rättsvårdande fältet bör vi bli bättre på att hantera anmälningar om hot och annat som uppenbart kan lagföras.

Det är bland annat att hjälpa människor att ta vara på sina rättigheter, bidra till att internet blir en bättre plats, att medvetandegöra de lagrum som finns tillgängliga. Syftet är inte att bidra till ökad reglering, utan att öka förutsättningarna att nå rättvisa inom existerande reglering.

Inom det språkliga fältet bör vi bli bättre på att förstå samtalet på internet. När Uppdrag granskning intervjuade männen som skrivit hat och hotelser på internet, svarade dessa att "det var ju bara något jag skrev på Facebook" och "det är väl ingen som bryr sig om vad som skrivs där", vittnar det om en oförståelse för hur olika utsagor tas emot. Skulle du säga detta till den personen ansikte mot ansikte?, frågade reportern. Absolut inte, svarade en av männen.

Medierade samtal har på kort tid blivit normaliserade i våra sociala liv. Det som skrivs i sms, på Facebook eller Twitter, på bloggar, i tid-

Det jag fruktar mest är att hatet och språkbruket i viss mån redan har normaliserats.

ningars kommentarsfält har en likartad påverkan som om det skulle sägas i ett fysiskt rum. Och om samma påstående upprepas i kommentarsfältens oändlighet är det rimligt att den negativa påverkan är ännu större än en enstaka förolämpning i ansiktet.

Inom det politiska fältet både kan och bör mycket göras, betydligt mer än som får plats här. Jag håller för sannolikt att en grogrund för hat och hot mot kvinnor, mot muslimer, mot det politiska etablissemanget, mot "eliten", är klassklyftor, arbetslöshet, känslor av maktlöshet, okunskap. Det är faktorer som både kan motverkas och vidmakthållas av ett politiskt system.

Det jag fruktar mest är att hatet och språkbruket i viss mån redan har normaliserats. I sociala medier, i datorspelens interaktioner, i tidningars och bloggars kommentarsfält. Därför kan den viktigaste åtgärden vara att ständigt och obönhörligt frånta de människor som kränker, hatar och hotar deras känsla av normalitet.

Här kan vi alla vara behjälpliga.

Nedsänkta i upplevelseflöden

Tänk dig att du sitter i en vänthall till bussen, tåget eller flyget. Eller på bussen, tåget eller flyget. Eller på ett kafé. Eller står i en skolkorridor eller en universitetsdito. Eller sitter i ett väntrum inför läkarbesök, provtagning eller tandläkarundersökning. Vad gör människorna omkring dig? Olika saker naturligtvis, men framför allt en gemensam sak: De sitter försjunkna i sina smarta telefoner. Möjligen surfplattor. De drar pekfingret till höger på skärmen. De drar pekfingret uppåt och neråt. De duttar till med pekfingret. Djupt försjunkna i skärmens sken.

De är försjunkna i sina flöden; de följer andra på Twitter och twittrar själva. De läser och kommenterar vänners uppdateringar på Facebook. De tittar på ständigt nya filmer på YouTube. De lyssnar på Spotifys musikflöden. De följer sms- och andra meddelandeflöden, liksom bild- och filmflöden. Kanske glömde jag någon flödesform.

Många har även hörlurar eller öronsnäckor i öronen hopkopplade med smartphonen för att öka den audiella direktkontakten med flödena. De? Meningen är inte att distansera mig från andra människor, utan att be dig agera åskådare. Även jag är en del av de jag beskriver ovan. Minsta väntan på något och telefonen och dess flöden åker fram. (Däremot ser du aldrig mig med hörlurar eller öronsnäckor.)

Det slår mig: Det måste ha varit smartphonen som den nyliberale filosofen Robert Nozick hade i åtanke när han år 1974 skrev boken *Anarki, stat och utopi* (utgiven på svenska 1986)[7]. Förutom att han där behandlar rättighetsfilosofi, samhällets resursfördelning, statens storlek och annat utifrån ett libertarianskt perspektiv, gör han ett kort men fantastiskt tankeexperiment.

Föreställ dig att det människor åtrår allra mest är upplevelser (vilket är en högst sannolik föreställ-

22

ning). Upplevelser är enligt Nozick enbart något som kan uppfattas inifrån människan, i hennes psykologiska medvetande, i hennes känsloliv. Våra upplevelser uppstår i vår interaktion med vår omgivning; med människor, med material, med händelser.

Nozick ber läsaren föreställa sig en maskin, en upplevelsemaskin som kan stimulera hjärnans neuropsykologiska system på så sätt att den som kopplar in sig på denna maskin tror, känner, upplever och därmed får de erfarenheter och upplevelser som är önskvärda för varje inkopplad människa. Stimulansen eliminerar därmed behovet av interaktion med omgivningen.

Maskinen är konstruerad så att du ligger och flyter i en kroppstempererad vattenbehållare med elektroder fästa mot huvudet. Upplevelserna och erfarenheterna går inte via kroppen och sinnena utan direkt till hjärnan, från en maskin som har förprogrammerats med de upplevelser du vill ha.

Nozick ber läsaren föreställa sig en maskin, en upplevelsemaskin som kan stimulera hjärnans neuropsykologiska system.

23

Vill du uppleva hur det känns att vara nobelpristagare i litteratur? Att ha vunnit hundrametersloppet över Usain Bolt i OS? Att egenhändigt ha byggt ett hus? Att känna förbehållslös kärlek till en annan människa?

Maskinen levererar precis de upplevelser du önskar. Det skulle även vara möjligt att med jämna mellanrum kliva upp ur vattenbehållaren och programmera maskinen med nya upplevelser, nya erfarenheter som under tiden i behållaren har blivit önskvärda.

När du är i vattenbehållaren med elektroderna mot huvudet vet du naturligtvis inte att du befinner dig där, utan du tror att du är på de olika platserna, möter de olika människorna, ser de olika tingen, som maskinen genererar för dina upplevelser.

Robert Nozicks enkla tankelek är spridd och bör kanske vara ett intellektuellt verktyg hos reflekterande människors verktygslåda. Nozick ställer själv frågan: Skulle du välja att koppla in dig till upplevelsemaskinen? Spelar något annat någon roll än att du får uppleva det du vill uppleva?

Skulle du välja att koppla in dig till upplevelsemaskinen?

Kom ihåg att du kan programmera maskinen med inte enbart positiva lyckoupplevelser, utan självfallet även sorg, ilska, frustration, smärta och mycket annat som har negativa konnotationer, men som du kanske menar gör dig till en hel människa. Du skulle även kunna programmera maskinen så att den levererar upplevelser som du inte förutbestämt. Använda en sorts shuffle-funktion, alltså.

Ditt första argument mot maskinen är kanske att den som ligger i behållaren inte gör något, och att göra något med sin kropp, att agera, att handla är viktigt. Frågan är då varför det inte räcker med upplevelsen av handlingar.

Ditt andra argument är kanske att varje människa vill vara någon, inte enbart en flytande klump med elektroder. Frågan är då varför varandet måste vara knutet till kroppen och inte till de psykologiska och emotionella upplevelserna.

Ett intressant argument mot maskinen tar Nozick själv upp: Den som kopplar in sig till upplevelsemaskinen, kopplar också in sig till en värld som inte är större än den människan kan konstruera. Här förutsätter Nozick att det i den materiella världen finns något sådant; något utöver människan som bidrar till att skapa hennes tillvaro.

Men, frågar du kanske, finns det inte redan en sådan "maskin"? Vad är det vi kallar upplevelseindustrin, om inte de otaliga företag som levererar sådana upplevelser vi efterfrågar? Turismföretag, evenemangsföretag, alla branscher som levererar musik, film, datorspel, teveprogram med mera. Vad marknadsförs inte som upplevelser?

Uttryckt annorlunda, med mediefilosofen Jean Baudrillards ord från hans essä *Massorna: Det socialas implosion i medierna* från 1985: Det finns en "befästning" av analytiker, modeller, experter och nätverk som arbetar oförtrutet med att fånga in massorna i sina sfärer av upplevelser. Det är, menar han, en form av devolution, en sorts delegering av ansvaret för att skapa våra upplevelser.[8]

Har vi redan uppfunnit Nozicks upplevelsemaskin genom våra smartphones, surfplattor och det internät som distribuerar upplevelserna?

Det är alltid andra, människor, organisationer eller maskiner, som skapar och levererar våra upplevelser. En sorts medial alienation, en form av underkastelse, en överlåtelse av den egna viljan och det egna begäret.

Har vi redan uppfunnit Nozicks upplevelsemaskin genom våra smartphones, surfplattor och det internät som distribuerar upplevelserna? Inte så att vi är nedsänkta i ett vattenbad med elektroder, men åtminstone på ett metaforiskt plan? Vi är nedsänkta i nätets flöden, ständigt fångna i upplevelser som genereras och levereras av andra. Skulle du välja att koppla in dig på Nozicks upplevelsemaskin om det vore möjligt? Jag gissar att många, de flesta, kanske alla, skulle svara nej på den frågan. Jag gissar dock att många ändå skulle få svårt att formulera hållbara argument för sitt val. Argumentet måste nämligen vara moraliskt: Att vi inte kan utgå från en värdeteori om mänskligt liv som uteslutande har människors upplevelser som bärare av värden.

Utifrån detta argument blir denna essäs avslutande fråga till dig: Varför kopplar vi med våra telefoner och surfplattor upp oss mot upplevelsemaskinens text-, bild- och ljudflöde och försänker oss i dessa vid varje givet tillfälle, om vi inte menar att upplevelser är de ultimata bärarna av livsvärde?

Utbildning
bland molnen

MOOC är en akronym för Massive Open Online Courses. På svenska borde det rimligen heta omfattande, öppna, nätbaserade kurser. Det är en trend inom högre utbildning som har växt lavinartat på kort tid i USA och börjar få spridning även i Europa. Kanske ser vi snart denna typ av kurser även i Sverige.

Det är kurser som erbjuds av etablerade, ofta välrenommerade universitet och colleges i USA, där kurserna ges helt nätbaserade och där inga antagningskrav tillämpas. Det är skälet till att betona ordet omfattande. Den största siffra jag har sett på antalet studenter på en kurs av detta slag är 160 000;

en kurs i artificiell intelligens vid Stanford University.

Hittills (2013) har 155 000 studenter i olika omgångar gått MIT:s första kurs i MOOC-format. Det är fler studenter än antalet studenter som någonsin läst vid MIT under de 150 år MIT har existerat.[9] Kurserna som erbjuds finner man bäst vid de olika MOOC-plattformar som byggts upp och där olika universitet kan erbjuda sina kurser och göra dem enklare att finna. Coursera är den största och mest kända plattformen. Där erbjuds i skrivande stund (maj, 2013) 339 kurser från 62 universitet, de flesta amerikanska.

I en artikel i tidskriften *Public Services Quarterly* har Katy Mahraj gjort en översikt över fenomenet med omfattande, öppna, nätbaserade kurser.[10]

Utvecklingen av MOOC började som ett test av en pedagogisk modell.

Utvecklingen av MOOC började som ett test av en pedagogisk modell. Kanadensarna George Siemens och Stephen Downes ville pröva hur konnektivism skulle kunna fungera storskaligt.

Konnektivism är, något förenklat, en pedagogisk modell som utgår från att kunskap byggs upp och distribueras av många individer i stora nätverk.

Det handlar inte om enkel kunskapsöverföring i nätverk, utan om hur sociala processer mellan uppkopplade människor leder till kunskapsuppbyggnad. Dialog, samarbete, informationsdelning, utforskning, nyfikenhet är begrepp som förknippas med konnektivistisk pedagogik.

Under den följande snabba tillväxten är det inte längre test av en pedagogisk modell som är motivet för lärosäten att utveckla och tillhandahålla omfattande kurser. Så vad är motiven? Både altruistiska och kommersiella motiv framträder (och ibland kanske kommersiella motiv döljs med altruistiska). Man kan säga att Siemens och Downes ville bygga en infrastruktur för kunskapsutveckling, medan Coursera och andra vill erbjuda kunskap till allmänheten.

Demokratisering av högre utbildning är det främsta altruistiska motivet. Öppna portarna till universiteten, tillgängliggör kunskap även för de som inte kan få tillgång till utbildningsplatser, kunskap ska inte ägas utan spridas, brukar det heta.

Ordet revolution förekommer också i texter kring denna trend. Det revolutionerande är att ingen stängs ute från kurserna. Det är upp till den sökande att bedöma sin förmåga, sina förkunskaper för att kunna tillägna sig en kurs.

Kommersiella motiv hittar vi exempelvis hos Cornell University. Där ges en kurs i detta format, fritt och gratis. Men för att få någon form av intyg eller betyg på prövade kunskaper och färdigheter, måste studenten gå en uppföljande kurs som kostar 1 200 dollar. En tvådelad kurs, kan man säga, där första delen är kort och gratis, men ger inget bevis på genomförandet, medan den andra delen är längre och prissatt, och ger ett utbildningsbevis.

Kan man verkligen bedriva undervisning och examinera så många studenter? Svaret är naturligtvis nej. Många kurser tycks vara uppbyggda på litteraturlistor, läsanvisningar och tillgång till inspelade föreläsningar. Andra kurser tillhandahåller uppgifter där kursdeltagarna måste samarbeta på något sätt för att lösa uppgifterna. Direktkontakt med lärare är, vad jag förstår, ytterst sällsynt.

Kan man verkligen bedriva undervisning och examinera så många studenter?

I den mån studenters kunskaper prövas på dessa kurser, görs det exempelvis genom webbaserade flervalsfrågor som automatiskt rättas av en dator. Ett annat exempel jag sett är att man arrangerar så kallad kollegial rättning, det vill säga att kursdeltagarna får bedöma varandras uppgifter. Andelen studenter som genomför kurserna är ytterst låg, ner emot 10 procent.

Men är det ett problem? Jag kan tänka mig att många människor vill gå en kurs enbart för sitt höga nöjes skull, för ett specialintresse eller av andra skäl, men är helt ointresserad av att examineras eller prövas eller ens genomföra några uppgifter. Många kanske bara vill ha vägledning i ytterligare intellektuell förkovran.

MOOC börjar närma sig Europa och Sverige. De första kurserna av denna typ vid universitetet i Edinburgh i Storbritannien har nyligen utvärderats. Sex kurser erbjöds, 308 000 studenter anmälde sig och 12 procent genomförde kurserna. Uppskattningsvis kostade varje kurs drygt 300 000 kronor att utveckla och kostnaden för själva genomförandet blev högre än man trodde.

Inom EU lanserade nyligen lärosäten i elva länder öppna, nätbaserade kurser på tolv olika språk. Kurserna ska utgöra en "bro mellan informellt lärande och formell utbildning" som det beskrivs i ett pressmeddelande.[11] Alla kurser ska leda till någon form av intyg, vissa till formella studiepoäng som kan tillgodoräknas i en examen. Men det sistnämnda avser man att belägga med en avgift: mellan 25 och 400 euro.

I Sverige är det Lunds universitet som går i bräschen för att starta MOOC. I en artikel i *Sydsvenskan* (19/12 2012) hävdar man från universitetets håll det altruistiska motivet, där kurserna inte kommer att vara examinerande eller ge högskolepoäng.[12] Frågan är varifrån pengarna tas, när svenska lärosäten får ersättning för studenters prestationer i form av godkända examinationer.

MOOC väcker många frågor. Hur skiljer sig olika former av kunskapstillägnande? Har kunskapen samma värde för den student som läst på ett fysiskt universitet, mött lärare och andra studenter i föreläsningssalar, seminarierum, labbsalar, korridorer, kaféer, som för den student som läst kurser på olika lärosäten i olika världsdelar utan att någonsin träffat en annan student eller lärare?

Vilka kunskaper, färdigheter och värderingsförmågor får studenten utöver rena ämneskunskaper bara genom att vistas på ett universitetscampus? I vilken utsträckning är det just dessa egenskaper som gör studenten intressant för arbetsgivare?

Vi vänjer oss snabbt vid gratis; det vet musik- och filmbranschen, det vet tidningsbranschen. Hur lätt kommer det att bli för den som erbjuder kurser gratis utan krav på varken betalning eller prestation att kunna finansiera nya kurser i framtiden?

Och när alla världens kurser finns i molnet, kommer då den postdigitala insikten att slå emot oss med full kraft? Kommer viljan att mötas fysiskt, ansikte mot ansikte, i lärosalen, i seminarierummet, i labbsalen rent av att förstärkas? Detta utbildningsformat har prövats i tusen år och har visat sig hålla måttet.

Mänskliga drönare
med Google Glass

På Kanal 5 sänds teveserien *Person of Interest*. Den är intressant så till vida att den tilltalar både den som gillar kriminalserier i allmänhet och den som gillar förebådande användning av informationsteknik. I korthet: En excentrisk, medelålders datornörd har skapat ett system – The Machine – som samlar persondata från alla tänkbara informationskällor på internet, i databaser, från övervakningskameror.

Syftet med systemet är att kunna förutse när människor antingen är i färd att begå ett grovt brott, eller bli utsatta för grova brott. Med tekniker för ansiktsigenkänning, rörelsedetektering, mönsterigenkänning och smarta algoritmer kan systemet på individnivå urskilja beteendemönster som med sannolikhet leder till brott. Till sin hjälp har han en före detta CIA-agent som är den som utför det praktiska arbetet: att förhindra att det brott som systemet förutser sker.

Det som tilltalar mig här är att systemet i *Person of Interest* inte är något extraordinärt science fiction som utspelas om hundra år, utan snarare äger rimlighet inom en snar framtid. Det handlar inte så mycket om ny teknik, utan om mer av befintlig teknik.

Google Flu Trends skapades redan 2008. Det är ett analysverktyg som använder våra sökord i Google för att se mönster i utbredning av influensa. Antagandet är

Att Google har ett stort intresse att samla in och lagra data om oss är välkänt och närmast ett understatement.

att ju mer människor söker på Google med influensa och liknande sökord, desto högre är sannolikheten att influensan håller på att breda ut sig i just detta område. Och det visar sig att antagandet stämmer i hög grad.

Google har även prövat att med Googlesökningar som analysunderlag förutse vem som vinner presidentval, genom antagandet att väljare söker främst på den kandidat man avser att rösta på. Även detta antagande visar sig stämma i hög utsträckning.

Att Google har ett stort intresse att samla in och lagra data om oss är välkänt och närmast ett understatement. Inte för att Google vet vad all data ska användas till, utan för att ha så mycket data som möjligt den dagen man kommer på ett nytt användningsområde. Därför är en av Googles största ambitioner att alla deras tjänster också ska generera data för framtida användning om oss som utnyttjar tjänsterna.

Nyligen lanserade Google sitt senaste, stora projekt: Google Glass. Det är glasögon med en inbyggd skärm, kamera, mikrofon och GPS. I allt väsentligt har dessa glasögon två funktioner. Den ena är att presentera information på insidan av glasögonen, utan att hindra glasögonbärarens sikt. Den tekniken bör kanske främst liknas vid att du bär en ytterst komprimerad smart telefon i dina glasögon, med vilken du med röstkommandon kan göra samma saker som med telefonen.

Om denna funktion handlar inte denna essä, utan om kamerafunktionen. Med ett enkelt kommando kan var och en spela in det som händer i sin omgivning och antingen låta andra se detta i realtid på sin dator eller smarta telefon, eller att lagra det som spelas in i molnet för att se senare. Eller bägge.

Kommer vi att vilja ta del av ännu fler dokumenterade vardagsscener? Google spelar på individens tänkta behov av att vara än mer delaktiga i andra människors liv och på vårt behov av gemenskap. Med Google Glass förs vi ännu närmare varandra genom att vi också kan ta del av varandras upplevelser. Men gör vi inte det redan med våra smarta telefoner; fotar och filmar, med direktuppladdning på Facebook, Twitter eller Instagram?

Förvisso. Men med Google Glass finns inte någon apparat eller någon handling som stör upplevelsen. Varje gång man tar upp en digitalkamera påverkas upplevelsen av att alla blir medvetna om att dokumentering sker. Med Google Glass görs detta utan andras vetskap. Det är en betydelsefull skillnad.

Om denna teknik kan en mängd kritiska frågor resas. Den första vi nog tänker på är påverkan på vår integritet. Får vi någonsin vara ifred? Ska vi vänja oss att i varje stund vi möter en människa kan vi bli filmade och publika utan att vi vet om det? Kommer vi att bete oss som att vi alltid är övervakade? Vilka nya beteenden kommer den misstanken att generera?

Vad ska Google med all denna data (jag utgår från att Google kommer att ha tillgång till all data som registreras med deras produkt)? Ingen aning. Det är inte det som är poängen. All den data som vi människor skulle kunna samla in, ju fler vi blir som använder Google Glass, är guld värd för Google. Man får en enorm mängd händelser, människor och ljud som genom GPS-teknik också är på kvadratmetern lokaliserad.

Poängen är att ha data för framtida ändamål. När någon smart algoritmkonstruktör kommer på ett sätt att söka eller skapa mönster i datamängder, vore det en nesa att inte ha tillgång till dem. Inte visste Google när de konstruerade sin sökmotor att de skulle kunna använda sökord för att upptäcka influensaspridning flera år senare.

I Tyskland överväger man ett förslag om att använda drönare för att upptäcka olaglig graffiti. En drönare är en fjärrstyrd liten helikopterliknande tingest, utrustad med kamera och

Kommer denna möjlighet att agera mänskliga drönare att leda till högre kvalitet i våra mellanmänskliga relationer?

trådlös överföring. Till skillnad från att anställa väktare eller annan personal, är detta en relativt billig teknik för att upptäcka brottsliga handlingar och lagföra förövarna.

Med en utbredning av Google Glass blir vi mänskliga drönare. Om jag ser någon som, med exemplet ovan, klottrar olagligen, slår jag bara på kameran i mina glasögon, registrerar det som sker och skickar filmen till polis eller annan myndighet.

Kommer denna möjlighet att agera mänskliga drönare att leda till högre kvalitet i våra mellanmänskliga relationer? Nej, knappast. Tanken går snarare till diktaturer á la DDR, med den angiveristruktur som där byggdes upp. Den mellanmänskliga tilliten är i farozonen.

Debatten och motståndet mot FRA-lagen var stort för några år sedan. Försvarets radioanstalt fick då rättighet att övervaka vår kommunikation i kabelnätet för att urskilja mönster i stora datamängder i syfte att förutse terroristattacker, eller andra hot mot landets säkerhet. Just nu är avslöjandet av NSA:s övervakningsprogram ett hett ämne i samma kategori.

Frågan är om glasögonen från Google kommer att debatteras lika friskt från ett integritetsperspektiv. Det är inte alls självklart. Tendensen är att medborgare reagerar mycket starkare när staten ökar sin övervakning av medborgarna, än när medborgarna själva levererar övervakningsdata till privata aktörer.

Om vi slår samman den datamängd en bred användning av Google Glass ger med FRA, NSA och liknande organisationers övervakningsdata, är vi inte långt från The Machine, det system som förutser förekomsten av kriminella handlingar i *Person of Interest.*

Det som saknas är bara ett antal dedikerade algoritmkonstruktörer som skapar den kod som medger detaljerade upptäckter i en ocean av data.

Arbetskritik i den digitaliserade tiden

I sin läsvärda bok *Arbetssamhället* inleder sociologen Roland Paulsen arbetets historia med stora penseldrag: från Antikens föreställning om arbete som något som hindrade det goda livet, över protestantismens arbete som plikt, till nutidens idé om arbete som rättighet.[13]

Denna bok får nog sägas ha utgjort ett startskott för det arbetskritiska samtalet i Sverige; ett lite nyvaknat samtal om arbete och föreställningen om arbetets alltmer centrala roll för såväl samhälle som individ. Kanske som en pendang till retoriken kring Arbetslinjen. Arbetskritiken har kommit och gått, från antiken till i dag. Som tidiga arbetskritiker brukar Aristoteles, Karl Marx, Paul Lafargue och André Gorz nämns.

Med betydligt mindre penseldrag än Poulsen tecknar den italienske teoretikern och aktivisten Franco "Bifo" Berardi arbetets omvälvning från industrialismen till dagens alltmer informations- och symbolbehandlande arbeten. Boken *Den arbetande själen* är hans första som översatts till svenska.[14]

En väsentlig faktor för en förändrad föreställning om och kritik av arbete är datoriseringen, digitaliseringen; den för många yrkesgrupper omvandlingen från att hantera fysiskt material, till att hantera digitala symboler. I Den arbetande själen låter Berardi kroppen och själen utgöra denna distinktion mellan arbete med materia och med symboler, men också mellan gårdagens och dagens arbetskritik.

Under industrialismens era manifesterades arbetskritiken i en form av arbetsvägran, som ett resultat av den klassiska intressekonflikten mellan arbete och kapital. Medan kapitalets intresse är att utvinna så mycket arbetsvärde som möjligt under en bestämd tidsenhet, är arbetarens intresse att undvika att bli utnyttjad och att inte dräneras på energi.

Arbetsvägran ska inte förstås som en totalvägran, utan som viljan att reducera den nödvändiga arbetstiden: färre arbetstimmar per vecka, längre

43

semester och bättre tekniska hjälpmedel för de tunga, smutsiga och repetitiva arbetsuppgifterna. Till detta kan även läggas kritiken mot den hierarkiska organisationen av arbete och kraven på inflytande över arbetets organisering.

Så sker en förändring. Berardi daterar den till året 1977. Datortekniken börjar ta plats i arbetslivet. Den form av arbetskritik som var levande under industrialismen börjar avta. Nya arbeten och arbetsuppgifter i form av informations- och symbolbearbetning växer fram. I politiken börjar en nyliberalism växa fram, som positionerar individen framför kollektivet.

Från industrialismens proletariat, ser vi i dag två parallella klasser växa fram: kognitariatet och prekariatet.

Från att industriarbetaren levererade mekanisk energi i arbetet, levererar informationsarbetaren kreativitet, innovationsförmåga och kommunikativ förmåga. Med andra ord sin intellektuella och kognitiva kapacitet. Från industrialismens proletariat, ser vi i dag två parallella klasser växa fram: det Berardi benämner kognitariatet och prekaritet (även om det sistnämnda i svenskan vanligtvis benämns prekariat, vilket jag gör framledes).

Det är kognitariatet som format bokens titel. Det Berardi avser med "själ" är inte alls något andeväsen eller någon form av själ hämtat från någon religion, utan det är en metafor för "den energi som gör biologisk materia till en levande kropp".[15] Kognitiva och emotionella förmågor som exempelvis språk, relationer och tankar utgör själen. Den arbetande själen är i all väsentlighet den kognitiva arbetaren till skillnad från kroppsarbetaren.

Kognitariatets arbete präglas till stor del av individuell konkurrens, en allt ökande hastighet och expansion av de informationsflöden som är nödvändiga för arbetet samt en ökande fragmentisering och flexibilisering av arbetet. Kontrollen av arbetsprocessen är inte längre hierarkisk, utan är inbyggd i informationsflödena.

Berardi utser den för informationsarbetare oumbärliga mobiltelefonen till den centrala teknik som bäst illustrerar beroendet av nätverket *Industriarbetarna slet ut sina kroppar. Informationsarbetarna sliter ut sina psyken.* och möjligheten till samordning och kontroll av arbetsprocesser. Alltid nåbar, ständigt uppkopplad.

Kognitariatet bär på en inneboende paradox. Samtidigt som många i dag ser på sina kognitiva arbeten som det mest intressanta i livet, det som främst uttrycker personligheten, menar Berardi att det har lett till en form av samhällelig depression, en Prozac-ekonomi. Industriarbetarna slet ut sina kroppar. Informationsarbetarna sliter ut sina psyken. Förskrivning av antidepressiva medel är stor och tycks öka, liksom användning av psykoaktiva medel i form av kokain. Berardi menar rentav att dagens samhälle har blivit beroende av såväl dämpande som stimulerande medel för våra psyken.

Prekariatet pekar på de osäkra arbetsförhållanden som följer denna utveckling. Prekariatet består av alla de människor som saknar anställningar, som ständigt måste vara beredda på att mobiltelefonen ringer om ett korttidsarbete. Det handlar om timanställningar, vikariat, projektanställningar, visstidsanställningar, arbetsgivare som cyniskt utnyttjar unga människor intill den gräns de enligt LAS ska ges tillsvidareanställning.

Termen prekariat utgår från termen prekär som betyder vansklig, bekymmersam, osäker. I antologin *Skitliv* beskriver ett antal författare sina osäkra arbetsförhållanden.[16] Inte nödvändigtvis skitjobb, men korttidsarbeten som omöjliggör den form av inträde i vuxenlivet som förutsätter tillsvidareanställningar. Banklån till bostad, till exempel. Eller helt enkelt få ett förstahandskontrakt på en lägenhet. Prekariatet är alltså de som arbetar samtidigt som de står utanför arbetsmarknaden.

När industriarbetarna stod inför arbetsförhållanden som de ville förändra, fanns en styrka i kollektivet, i att gemensamt stå upp mot missförhållanden. Frågan är om dagens prekariat kan forma ett kollektiv, en gemenskap vars makt kan mäta sig med den politik som skapar dessa osäkra arbetsförhållanden. Det är inte alls säkert.

En tolkning av *Den arbetande själen* är att Berardi önskar att kognitariatet ska ärva sin företrädares – proletariatet – ilska och reformiver mot en arbetsorganisation som sliter på den kognitiva arbetaren lika mycket som kroppsarbetaren. Det är bara olika delar av människan som slits.

Arbetets infrastruktur byggs alltmer in i människan genom alla informationstekniska apparaturer. Den infrastrukturen kan man inte bara gå ifrån, som man kunde när fabriksvisslan ljöd.

Vad de långsiktiga konsekvenserna blir av att människor i allt mindre utsträckning har möjlighet att lämna arbetet på kvällar, helger och semestrar vet vi ännu inte. Men vad säger magkänslan?

Mot en
Big data-värld

Svenska lagar som syftar till att skydda medborgare
från otillbörlig hantering av personuppgifter med
hjälp av informationsteknik, har alltid stått på en
fast grund: en teleologisk utgångspunkt. Teleologi
är ett begrepp som går tillbaka till Aristoteles och
innebär ändamålstolkning. För att förstå en social
företeelse, utgår man från dess syfte, dess mål.

Inom datalagstiftning tillämpas teleologin ge-
nom att reglering av personuppgifters hantering
sker med utgångspunkt i det angivna syftet. I 1973
års datalag var varje organisation som önskade
upprätta ett personregister tvungen att ha ett angi-

vet ändamål med registret och personuppgifterna fick enbart användas för det angivna ändamålet.

Den nuvarande Personuppgiftslagen har samma utgångspunkt: Personuppgifter får behandlas enbart för uttryckligt angivna och berättigade ändamål. Till detta lades att den som avser att upprätta personregister och utföra någon form av behandling av personuppgifter måste inhämta ett samtycke från de personer som registreras.

Tesen för denna essä är att denna teleologiska grundbult håller på att bli delvis obsolet. I december 2011 förbjöd Datainspektionen Karolinska institutet att samla in personuppgifter inom forskningsprojektet LifeGene.[17] Projektet avsåg att samla in ett flertal medicinska uppgifter (allt från hörseltester till blodprover) från ett stort antal individer.

Skälet till Datainspektionens beslut var att Life-Gene-projektet inte kunde ange tillräckligt precisa ändamål med insamlingen av medicinska data. LifeGene-projektet hade angivit "framtida forskning" som ändamål, det vill säga samla in data för framtida forskningsfrågor som ännu inte har formulerats.

Datainspektionens förbud föranledde regeringen att snabbt fatta beslut om att detta forskningsprojekt är av så stor betydelse för medicinsk vetenskap att nya regler för forskningsregister formulerades. LifeGene fick fortsätta sin datainsamling med "framtida forskning" som angivet ändamål.

LifeGene-projektet är delvis ett exempel på det accelererande fenomenet som kallas Big data. Någon svensk översättning av Big data har jag inte sett, och det är inte självklart att någon sådan kommer att formuleras. Det handlar om att företag, organisationer och myndigheter samlar in enorma mängder med datauppgifter och använder nya analysverktyg.

Boken *Big Data* av Viktor Mayer-Schönberger, professor vid Oxford Internet Institute, och Kenneth Cukier, redaktör på The Economist, är en utmärkt introduktion till denna företeelse.[18] Anslaget är storvulet. Underrubriken skvallrar om att Big data kommer att revolutionera hur vi lever, arbetar och tänker.

Såväl Google som Amazon som Facebook och andra företag som med sina internettjänster samlar in mängder av uppgifter om sina kunders användning av tjänsterna, ned till minsta klick, har tillämpat Big data-analys en tid. Avslöjandet av NSA:s övervakningsprogram PRISM antyder att det är Big data-analys det handlar om.

När företag som inte är så kallade internetföretag börjar anamma denna analysmetod, blir det än mer intressant. Författarna tar den amerikanska handelskedjan Walmart som exempel på hur man samlar in så mycket data som möjligt om kundbeteenden för att optimera försäljning. I Sverige rapporterar Computer Sweden att Coop borrar allt djupare i de mängder av kunddata som ständigt samlas in, med syftet att öka handeln och kundgenomströmningen.[19]

Det som enligt Mayer-Schönberger och Cukier utgör den revolutionära förändringen är att vi med Big data-analyser allt mer förlitar oss på statistiska samband framför kausala samband.

Den revolutionära förändringen är att vi med Big data-analyser allt mer förlitar oss på statistiska samband framför kausala samband.

Enkelt uttryckt innebär det att statistiska samband påvisar exempelvis att två händelser samvarierar över tid, medan kausala samband påvisar att en händelse utgör en orsak till en annan. Ännu enklare uttryckt innebär statistiska samband svar på frågan "Vad?", medan kausala samband ger svar på frågan "Varför?".

Traditionen är att formulera en hypotes om någon del av verkligheten, för att sedan genom ett slumpässigt urval samla in data för att undersöka om hypotesen stämmer. Syftet med datainsamlingen bestäms av hypotesen. I en Big data-värld samlar man in så mycket data som bara är möjligt utan något syfte och ställer frågor till datamaterialet i efterhand.

Ett forskarlag i USA har utvecklat programvara för behandling av för tidigt födda barn, för att öka kvaliteten i diagnostisering. I stället för att arbeta hypotesprövande, installerar forskarna en mängd mätinstrument på och kring nyfödda barn som mäter deras tillstånd varje sekund. Det blir enorma mängder data. Med den speciella programvaran kan man upptäcka subtila förändringar i dessa barns tillstånd och signalera misstänkta infektioner redan ett dygn innan symptomen framträder på vanligt sätt.

Tekniken kan dock enbart ge svaret att en infektion håller på att uppstå, inte varför den uppstår. Många gånger räcker det. Det är lätt att ana vilken enorm betydelse denna teknik skulle kunna få om den sprids inom andra delar av vården.

Det är också lätt att föreställa sig hur Big data-analyser kan ge positiva effekter för andra aktörer i samhället. Samtidigt bör vi reflektera lite djupare över vad det är för slags analysverktyg som utvecklas. Grundidén med datorstödda analyser borde vara att stödja människors beslutsfattande – och det som föregår beslutsfattandet: kunskap om och förståelse för en viss situation samt konsekvenser av olika beslut.

Mot den grundidén kan vi ta till oss psykologen Daniel Kahnemans bok *Tänka snabbt och långsamt*. Människans intellekt, menar han, består *En tolkning av Big data är att det är ett datorstöd för det snabba tänkandet.*

av två system: ett snabbt, intuitivt system som utan kognitiv ansträngning tolkar omvärlden närmast automatiskt och ett långsamt, genomtänkt system som aktivt, medvetet och koncentrerat bearbetar sinnesintryck och erfarenheter. Bägge systemen är nödvändiga för att vi ska kunna agera rationellt.[20]

Det säger sig självt att det andra systemet är betydligt mer ansträngande för hjärnan, vilket leder till att vi gärna förenklar problemsituationer med intuitionen som grund, i stället för att göra de nödvändiga bearbetningarna. En tolkning av Big data är att det är ett datorstöd för det snabba tänkandet, ett stöd för vår snabba och intuitiva förståelse av världen. Men är det det tänkandet vi behöver bättre stöd för?

Är det inte datorstöd för det andra systemet i vårt intellekt vi bäst behöver, det vi använder för att bättre förstå världen på ett djupare plan, hur tillvaron hänger ihop, varför människor beter sig på vissa sätt, varför vissa beslut fattas, varför saker sker?

Valrörelse i kopieringskulturen

Valrörelsen inför valet 2014 har startat. Och med den följer den fråga varje parti brottas med: Hur når vi ut till väljarna med våra budskap? Vilka kanaler ska vi satsa på och i vilken omfattning? Mediestrateger och kommunikatörer anställs för ändamålet. Aldrig har kanalerna varit så många och mångfacetterade.

För hundra år sedan sökte politiker upp potentiella väljare i fabrikerna. Utanför grindarna delades flygblad ut och politiker agiterade. Från 1970-talet har politiker sökt sig till tevesoffor och tevedebatter för att nå potentiella väljare, och politikens genomslagskraft i teve har varit stor. I dag är frågan hur internet kan användas för att nå ut.

I fabrikerna arbetar allt färre människor. Tevepubliken diversifieras i takt med den explosionsartade ökningen av tevekanaler. Sociologen Manuel Castells menade i sin trilogi *Informationsåldern* redan för femton år sedan att demokratin befinner sig i en djup kris: att demokratin är fången i en form som inte passar det framväxande nätverkssamhället. Medborgarskapet blir otydligt i globaliseringsprocessen och politiska partier tävlar främst om popularitet, fångade i medias makt.[21]

Därför måste nätverkssamhällets politiker söka upp väljarna där väljarna finns – i digitala nätverk, i sociala medier.

Därför måste nätverkssamhällets politiker söka upp väljarna där väljarna finns – i digitala nätverk, i sociala medier. Denna essä rör sig runt två frågor. Den ena är hur digitala nätverk påverkar politikens form. Den andra är hur framgång i budskapsförmedling skapas i digitala medier.

Vi formar tekniken och tekniken formar oss, heter det. Medier är inte olika neutrala kanaler, utan tekniker som formar den som vill nå ut med budskap. Tevemediet kräver en annan agitationsform än det öppna torget. Internets sociala medier kräver andra format än tevemediet.

Valstrateger har lagt mycket fokus på traditionella mediers dramaturgi – korta inlägg, ännu kortare repliker, annars blir man avbruten. Även mediernas nyhetsvärdering har studerats, för att kunna paketera politiska budskap så att de tas upp i medias nyhetsrapportering. Nu torde även fokus läggas på sociala mediers dramaturgi och den nyhetsvärdering som sker där.

Hur betydelsefullt det kommer att bli att bedriva valrörelse i sociala medier som Facebook, Twitter, Instagram och liknande, vet vi ännu inte. Än mindre hur politiken ska formas för att fungera i dessa medier. Ekot i Sveriges Radio gjorde en liten uppföljning efter valet i Norge i september 2013. Alla norska partier har satsat mer på sociala medier vid detta val än tidigare som ett sätt att nå främst yngre väljare.

Särskilt de små partierna i Norge menar att sociala medier är betydelsefulla. Det kostar inte mycket att vara aktiv där samtidigt som det är möjligt att nå många människor och skapa engagemang för sin politik.

I en retorikanalys av partiledardebatten i Agenda den 6/10 2013 kunde vi läsa att retorikanalytiker har börjat anamma samtalsformen på sociala medier som en utgångspunkt för analysen. DN:s retorikexpert Fredrik Söderkvist menade exempelvis att Annie Lööf "hade flera drastiska, twittervänliga uttryck som 'Miljöpartistisk skansenpolitik'."[22]

Utöver de sociala mediekanalerna satsas på olika typer av appar till smarta telefoner eller surfplattor. Miljöpartiet har en app där valarbetarna kan rapportera hur många människor de mött och samtalat med. Moderata ungdomsförbundet har en app för medlemsvärvning. Fler lär dyka upp.

Vi får dock se upp med satirappar. En heter "Somna med Reinfeldt" och är skapad av personer bakom den regeringskritiska bloggen Alliansfritt Sverige. Här spelas upp autentiska citat av Fredrik Reinfeldt, där urvalskriteriet är citat som är grumligt formulerade, med inte det allra mest intressanta innehållet och uttalade med en trött röst.

Socialdemokraternas app är motsatsen till ovanstående. Den heter "En jobbigare morgon". Där kan man välja mellan sju olika hurtiga inlägg från Stefan Löfven som kan kopplas till telefonens väckarklocka att vakna till. "Lystring! Dags att kliva upp! Framtiden byggs inte av snoozare!", skriker Löfven som ur en megafon.

Men vad är satir och vad är verklig intention från upphovspersonen? Med den framväxande satiriska kreativiteten på nätet blir det allt svårare att avgöra. Att appen med Reinfeldt är satir är enkelt att se, men hade inte man gjort reklam för Löfvens app på socialdemokraternas egen webbplats, hade jag uppfattat även den som klockren satir.

Min hypotes beträffande hur politiska partier kan lyckas med valrörelser och kampanjer i sociala medier handlar om att anamma internets kopieringskultur. För drygt hundra år sedan myntade samhällsforskaren Gabriel Tarde begreppet den imitativa strålen, i sin analys av imitationens, repetitionens och reproduktionens betydelse för att skapa samhällen.

Internet och sociala medier är den hittills främsta manifestationen av sociala imitationer, eftersom dess tekniska och sociala struktur bygger på att filer kopieras. Och vi vill kopiera; hela internets utveckling är *Min hypotes beträffande hur politiska partier kan lyckas med valrörelser och kampanjer i sociala medier handlar om att anamma internets kopieringskultur.* ett uttryck för människans vilja att kopiera, vilket bekräftar Tardes grundläggande tes från boken *The*

Laws of Imitation: "i den mån varelser är sociala är de också i grunden imitativa".[23]

Inom marknadsföring talar man om viral marknadsföring; när ett budskap på kort tid sprids – kopieras – i en enorm omfattning på internet har budskapet blivit viralt. Det är precis detta som blir politikens utmaning i valrörelsen: Att skapa budskap som blir virala, budskap som smittar, att skapa informationssmittor.

Att skapa smittor är emellertid inte lätt. Jag hävdar, tills någon lyckas påvisa motsatsen, att vi inte har en aning om hur informationssmittor skapas på nätet. Att ett budskap når stor spridning handlar inte om att skrika högst, utan om att skapa förutsättningar för kopiering – och framför allt förutsättningar för människors vilja att kopiera. Eller med Tardes begrepp: Hur skapas imitativa strålar i politiska budskap?

Frågan är dock hur den strävan formar politikens innehåll. Ett tänkbart svar är att politik i valrörelser blir ännu mer fokuserad på enskilda sakfrågor, i stället för ideologier eller samhällsvisioner, om det visar sig att ju mindre sakfrågorna är, desto lättare att nå stor spridning i sociala medier.

Det leder till att politiska valrörelser än mer närmar sig marknadsföringsområdet och bidrar till

60

att betrakta medborgaren som kund till en vara som politiska partier säljer, där priset är din röst i valurnan.

Överlever demokratin en sådan politisk utveckling?

Kameraögat mot det mest privata

Ett av årets stora debattämnen har varit avslöjanden om hur staters säkerhetsmyndigheter ömsom övervakar, ömsom avlyssnar människors kommunikation i en utsträckning vi inte riktigt föreställt oss. Risken är dock överhängande att ett stort fokus på staters övervakning och avlyssning döljer sådan övervakning vi utsätts för av privata aktörer.

För något år sedan diskuterades hur människors läsande av e-böcker via Amazons e-bokläsare Kindle, kunde avläsas av Amazon. Hur fort man läser, hur ofta man tar pauser i läsningen, när man avbryter läsningen av en viss bok, om man går tillbaka och läser om sidor med mera. All denna läsinformation kan bli guld värd för bokförlag – och författare. Det börjar dyka upp allt fler produkter som benämns som "smarta". Just nu annonserar handeln om smarta teveapparater, där det smarta är att själva teven är uppkopplad mot internet, vilket tillför funktioner för tevetittaren.

Nyligen har Dan Wallach emellertid i bloggen *Freedom to tinker* avslöjat att en stor tevetillverkares smarta teveapparater övervakas och avlyssnas av tillverkaren.[24] Tevetittarens vanor, det vill säga vilka kanaler som tittas på, hur länge man tittar på en kanal, när kanaler byts registreras. Tillverkaren kan även avläsa filnamnen i det externa USB-minne som tevetittare använder för att spela upp film eller annan media.

"Smart" som förled till produkter växer i antal. Smart belysning, smart kök, smarta vitvaror, smarta bilar – allt fler produkter blir smarta. I allmänhet betyder denna smartness att prylarna är uppkopplade mot internet och att man därmed kan ha kontakt med dem. Men även att prylarna minns hur vi använder dem, det vill säga att de läser av och lagrar vårt beteende för öka funktionaliteten för användarna.

Är det rimligt att inte enbart användarna, utan även tillverkarna av dessa produkter får tillgång till alla data om hur vi använder dem, utan att de informerar oss om det? Är det rimligt att vi kräver kontroll över dessa smarta produkter?

Övervakning och avlyssning utförs alltså inte alls enbart av staters säkerhetsorgan, utan även i hemmet av tillverkare av smarta produkter. Frågan för denna essä är hur övervakning i våra hem, den privataste av sfärer, påverkar oss.

Helsinki Privacy Experiment är en relativt unik studie av tolv personers upplevelser av att vara övervakade i sina hem.

Helsinki Privacy Experiment är en relativt unik studie av tolv personers upplevelser av att vara övervakade i sina hem.[25] Det unika med studien är att forskarna de facto installerar skarp övervakningsutrustning i hemmen, och deltagarnas upplevelser mäts på olika sätt över så pass lång tid som sex månader.

Forskarna monterade kameror och mikrofoner i hemmens olika rum för att övervaka hur människorna rörde sig i hemmet och dessutom lagrades filmerna och ljudfilerna på en server. Utöver detta övervakades all användning av datorrelaterad utrustning, som teve och olika mediaspelare, hushållens smarta telefoner och alla datorer som fanns i hemmen.

Alla aktiviteter loggades på detaljnivå och kunde avläsas av forskarna. Studien handlade inte i något avseende om att dölja någon övervakningsform eller lura deltagarna på något sätt, utan deltagarna informerades noga om var och hur övervakningen skedde och vilka som hade tillgång till övervakningsdata. Det var självfallet även möjligt att avbryta sin medverkan, vilket en deltagare gjorde. Helt enligt forskningsetiska principer.

Under detta halvår träffade forskarna deltagarna regelbundet för att samla in data både i enkätform och genom intervjuer, för att undersöka deltagarnas upplevelser i olika stadier av övervakningen.

De första veckorna präglades av starka negativa känslor av obehag; man upplevde situationen som lätt bisarr. Men det fanns även strimmor av nyfikenhet. De negativa känslorna avtog emellertid relativt snart. Det uppstod en form av normalisering av situationen.

I studiens resultat rangordnas även vilka övervakningstekniker som upplevdes mest störande. Kamerorna var, som nog de flesta intuitivt föreställler sig, det mest störande inslaget. Känslan av närvaron av en övervakare var stark. Ständiga "ögon" som tittade på dem. "Penetrerande" använde en deltagare som term för att beskriva kameranärvaron.

Näst mest störande var den ständiga ljudupptagningen. Att ständigt vara avlyssnad var störande, såväl vid middagsbordet som under telefonsamtal. Obehagskänslan var som starkast när deltagare uttryckte sig olämpligt, höjde rösten eller på annat sätt avvek från det som de själva uppfattade som normalt.

Att datoranvändningen loggades var inte lika störande, men vetskapen att andra vet exakt vilka webbsidor, mejl, filmer och allt annat man använder på internet, upplevdes irriterande.

Hur förändras vi av vetskapen om att vi är övervakade och avlyssnade?

Det jag blev mest nyfiken på är vilka beteendeförändringar hos de övervakade och avlyssnade deltagarna som kunde observeras. Hur förändras vi av vetskapen om att vi är övervakade och avlyssnade?

Rent generellt var deltagarna betydligt mer påklädda än tidigare. "Jag har i någon mening förlorat tryggheten i mitt eget hem. Om jag är törstig efter att ha duschat kan jag inte dricka vatten i köket", menade en deltagare.[26] Deltagarna sökte sig till rum där inte några mikrofoner fanns. Några deltagare tog för vana att gå till ett kafé om man skulle diskutera personliga frågor. Flera uppgav att de undvek att bjuda hem folk, eftersom det var svårt att förklara övervakningen och man ville inte riskera vänskapen.

Några deltagare försökte rent av täcka för kameralinserna vid olika tider på dygnet för att få vara ifred. Andra vred upp volymen på musik för att dölja vad de sade. Och naturligtvis; när tillfällen för intim samvaro uppstod, såg man till att kamerorna inget såg.

Forskarna mätte även deltagarnas stressnivåer vid olika tidpunkter. Utifrån deras mätmetoder kunde ingen särskild ökning av stress eller mental ohälsa uppmätas. En bidragande förklaring till detta är nog att deltagarna visste vilka som övervakade, varför det skedde och vad övervakningsdata skulle användas till.

När övervakningen av oss medborgare ökar i omfattning, såväl från myndigheter som från privata företag, blir fler studier som denna oerhört värdefulla. Vi måste få veta mer om hur övervakning och avlyssning i våra privata sfärer påverkar oss för att kunna tillföra argument mot en utökad övervakning, hur goda syften den än har.

Studier som denna hjälper oss också att ännu bättre sätta fingret på vad vi menar med personlig integritet. Även den som har det renaste mjölet i påsen kräver gränser för sin privata sfär.

Kapitalismkritisk kamp

Det är intressant att läsa böcker som består av texter som tidigare publicerats i artikel- eller essäformat i tidningar och tidskrifter. Att skriva en monografi innebär att författaren under själva författandet underställer sitt skrivande monografins syfte, målgrupp och mer eller mindre på förhand bestämda struktur.

Så är inte fallet med böcker som är textsamlingar. Strukturen får uppfinnas i efterhand, liksom syftet med boken. Det ger emellertid läsaren betydligt större frihetsgrader att tolka en sådan bok, jämfört med en bok vars syfte och struktur är skapat före bokens tillkomst.

Sådan är samtidshistorikern Rasmus Fleischers nya bok *Tapirskrift*. Texterna varierar från kortare texter som publicerats på Expressens kultursida, till längre essäer i antologier och i tidskrifter som exempelvis *Brand*, *Kris och kritik* samt *Subaltern* mellan 2010 och 2013.[27]

Boken är indelad i tre teman: Nätkritiska texter, urbankritiska texter och kapitalismkritiska texter. Benämningarna på dessa teman är emellertid mina, såsom jag läser boken. Den gemensamma nämnaren i *Tapirskrift* stavas således kritik.

Mystisk titel, inte sant? Men hur intressant tapiren än är som djur, är tapir ett anagram av pirat. Fleischer är en av upphovsmännen till numera ödelagda Piratbyrån, en organisation som startades runt 2003 och som närmast bör betecknas som en tankesmedja kring frågor om digital kopiering, kultur, upphovsrätt och immateriell egendom.

Utifrån min läsning av *Tapirskrift*, är min tes för denna essä att Fleischer, medvetet eller omedvetet, har skrivit en intellektuell överbyggnad till de fundament som Piratbyrån stod på. Denna intellektuella överbyggnad framträder främst i bokens tredje del, kapitalismkritiken.

Det centrala analytiska begreppet i Tapirskrifts första, nätkritiska del är kontrarevolution. Det är ett kraftuttryck. Internets ursprungliga, revolutionära kraft har främst bestått i att det har varit ett platt, decentraliserat nätverk mellan datorer, där var och en har kunnat haka på informationsutbytet. Peer-to-peer är ett uttryck som ofta förknippas med (illegal) fildelning, eftersom den mest utbredda tekniken för fildelning benämns så.

Peer betyder jämlike, att människor verkar på samma nivå; ingen är överordnad eller underordnad. Termen återfinns inom vetenskapen, som tillämpar peer review, vilket innebär att forskarkollegor bedömer andra forskarkollegors vetenskapliga resultat. Internet har, det är Fleischers tes, varit ett peer-to-peernätverk fram till kontrarevolutionens början, vilket han daterar till 2007.

Kontrarevolutionen, skriver Fleischer, "... har gett oss ett nät som är lika bekvämt som det är totalitärt".

Med kontrarevolutionen genomgår internet en centraliseringsprocess. Apples inlåsning av operativsystem och appar, sociala mediers koncentration till Facebook och Twitter, Googles allokering av allt fler nättjänster, musik som samlas i Spotify, film som strömmas av ett fåtal aktörer. Gemensamt för

71

kontrarevolutionen är också en övergång från fria kommunikationsprotokoll till informationstjänster.

Kontrarevolutionen, skriver Fleischer, "... har gett oss ett nät som är lika bekvämt som det är totalitärt".[28]

Bokens andra tema, som jag kallar urbankritik, inleds med en personligt hållen text om Fleischers kärlek till Berlin. Den text som mest fångar mitt intresse här är emellertid *Flygplatssamhället*. Det är en dystopi av ett samhälle i vardande; ett samhälle som allt mer får flygplatsers väsentliga drag av monopol, övervakning och platslöshet. Den bör läsas av var och en som förfasas över städers omvandlingar.

I den tredje delen av *Tapirskrift*, om kapitalismkritik, måste i vart fall jag dra ned tempot i läsningen. Inte för att Fleischers stilistiska säkerhet har gått förlorad, utan därför att jag inte är lika beläst som Fleischer inom vare sig marxismen eller den kontinentala kritiska teorin. Det hindrar mig dock inte att förstå tillräckligt mycket av texten för att hävda min tes: Genom dessa kapitel förstår jag mycket bättre Fleischers och andras engagemang i nämnda Piratbyrån och andra liknande rörelser.

Rasmus Fleischers engagemang är inte ideologiskt betingat, även om man i förstone skulle kunna tro att det någon variant av marxistiskt baserad ideologi som influerat hans kamp. Nej, det är ideologins motsats: kritiken.

Med ideologi avses ett tänkande som bejakar och omfamnar en idé om ett önskvärt tillstånd, och ideologin kan därmed användas som ett verktyg för att påvisa hur och varför vissa förändringar är önskvärda. Det är inte kritik i Fleischers tappning. Kritik kan inte "... baseras på ett färdigt program, utan måste vara en fortlöpande process", skriver han.[29] För att ha ett kritiskt förhållningssätt krävs det att man tänker utanför ideologier, utanför givna kategorier.

Tränad i historisk analys som han är, menar han att kritik inte enbart får bestå av närhet till det som ska kritiseras, utan även distans, och distans uppnås enbart genom historisering. Det är liknande tankar som Hans-Georg Gadamer en gång formulerade i sin tolkningslära; att förstå ett fenomen innebär att inordna den historiska horisonten i den samtida horisonten. Att sammansmälta samtid med historisk distans.[30]

> *För att ha ett kritiskt förhållningssätt krävs det att man tänker utanför ideologier, utanför givna kategorier.*

73

Fleischer introducerar den nyligen bortgångne tyske värdekritikern Robert Kurz. Sannolikt är denne lika okänd för många, som han var för mig. Skälet är att han knappt alls finns översatt från tyskan till vare sig svenska eller engelska. Därför är detta sannolikt den bästa introduktionen till Kurz kritiska teori som går att finna på svenska; en kritik som bryter med såväl marxismen som den tidiga Frankfurtskolans kritiska teorier.

Genom att historisera kapitalismen sker ett brott med den traditionella marxistiska förståelsen av kapitalism. "Marxismen är ett avslutat kapitel", skriver Fleischer med hänvisning till Kurz.[31] Det är däremot inte kapitalismkritiken. Tvärtom lever den i högsta grad.

Rasmus Fleischers engagemang i Piratbyrån, Planka.nu och liknande rörelser har aldrig handlat om gratis kultur eller gratis kollektivtrafik. Genom Tapirskrift framträder engagemanget snarare som en kamp för en kapitalismkritisk röst och exempel på kapitalismkritiska manifestationer.

Fleischer menar att vi har passerat kapitalismens kulmen: "För första gången i kapitalismens historia är det mer arbetskraft som görs överflödig, än vad som absorberas i produktionen av nya konsumtionsvaror".[32]

Om han har rätt är alternativa, ideologiskt obundna, kritiska rörelser nödvändiga korrektiv till kapitalismens kris.

Samhällsskarvar

Ända sedan Daniel Bell myntade termen det post-industriella samhället på 1970-talet för ett samhälle i förändring har olika förled prövats, vidhållits av vissa och förkastats av andra. Informationssamhället, tjänstesamhället, nätverkssamhället, konsumtionssamhället, mediesamhället och så vidare.

Nu presenterar kulturteoretikern Byung-Chul Han, professor vid Universität der Künste i Berlin, ett ytterligare förled i en ny bok: *Trötthetssamhället*. Det är detta samhälle han blickar mot i sin samhällsanalys.[33]

Den väsentligaste samhällsskarven är den som i dag ersätter Foucaults disciplinsamhälle, med fabriker, fängelser, dårhus, kaserner, som sinnebilder för gårdagens disciplinerande samhällsorganisation. Ersättningen kallar Han prestationssamhället. Här är medborgarna inte längre lydnadssubjekt i en hierarkisk och strikt normaliserande samhällsordning, utan prestationssubjekt.

Som prestationssubjekt förväntas medborgaren vara gränslöst kunnig, hisnande snabb, kopiöst produktiv och totalt egenansvarig. I förstone kan övergången från disciplinsamhället till prestationssamhället synas vara en positiv utveckling. Så icke i Byung-Chul Hans ögon.

Den centrala förmågan multitasking är inte ett uttryck för civilisationens utveckling. Tvärtom är det en regression.

Prestationssamhällets negativa konsekvenser stavas psykiska infarkter; utbredd depression, utbrändhet, uppmärksamhetsstörningar, hyperaktivitet och liknande patologiska symptom.

Den centrala förmågan multitasking, att kunna göra flera saker samtidigt och rikta sin uppmärksamhet på många aktiviteter på samma gång, är inte ett uttryck för civilisationens utveckling. Tvärtom är det en regression, en tillbakagång till de förmågor som är livsnödvändiga för ett vilt djur i vildmarken.

Trötthetssamhället ska inte förstås med negativa konnotationer, utan jag läser den benämningen på Byung-Chul Hans vision om det goda samhället efter prestationssamhället. Ett steg framåt i civilisationsprocessen, där prestationssamhället är ett steg bakåt.

I trötthetssamhället tillåts kontemplationen, icke-prestationen, långsamheten, ineffektiviteten, tveksamheten, avbrottet, ja, här tillåts vi till och med bli trötta. Vi har, menar Han, "... den djupa, kontemplativa uppmärksamheten att tacka för mänsklighetens kulturella prestationer".[34]

Trötthetssamhället är det hyperaktiva samhällets motsats. I det samhället vill jag vara medborgare.

Spelet om spelen

Vi har kunnat följa ännu en debatt kring datorspelande ungdomar. Den moderate riksdagsmannen, tillika ordföranden i utbildningsutskottet, Tomas Tobé gick ut i Nyheterna i TV 4 (25/2 2014) och fördömde datorspelen som syndabockar för ungdomars – främst pojkars – låga skolresultat. Han hade dock inga synpunkter på datorspelen i sig, deras egenskaper eller kvaliteter, utan enbart som tidstjuvar för läxläsning och nattsömn.

Invändningarna kom som ett brev på posten. En invändning var att det inte finns några belägg för att ungdomars datorspelande i sig skulle ha negativ påverkan på skolans lärandeprocesser. Ett överdrivet engagemang av vad det vara månde är förvisso problematiskt, men överdrivet datorspelande skiljer sig inte från andra överdrifter.

En annan invändning var att korrelation inte är detsamma som kausalitet. Förvisso sammanfaller i tiden ett ökat datorspelande bland unga med sämre skolresultat i Sverige, men samtidigt kan man i länder som exempelvis Sydkorea notera att ett ökat datorspelande sammanfaller med goda skolresultat. En ytterligare invändning var att datorspelen har ett värde i form av kreativ lek, där spelaren ständigt stimulera i att forma en process inom spelens givna ramar.

På en viss abstraktionsnivå är invändningarna likartade: Datorspel som kulturyttring har inte några särskilda negativa effekter som inte andra fritidsaktiviteter har. Tvärtom går det att, precis som med andra hobbyer, påvisa positiva effekter. Det är emellertid inte särskilt fruktbart att fastna i kategoriska för- och emotpositioner. Snarare bör vi undersöka och diskutera olika datorspels olika kvaliteter.

Det hävdas understundom att det snarare är skolan som borde införa mer datorspelande i undervisningen, än att försöka hindra datorspelandet. Emellertid är det inte ovanligt att datorspel som ska stödja lärandeprocesser sitter fast i enkla, mekanis-

ka betingningslekar, med repetitiva moment av sti-
muli och respons. Därför är det intressant att titta
närmare på datorspel som har potential för spelaren
att utveckla sina intellektuella och moraliska förmå-
gor.

I artikeln Playing their game: Changing stereo-
types of Palestinians and Israelis through videoga-
me play av mediaforskarna Saleem Alhabash och
Kevin Wise i den vetenskapliga tidskriften *New Me-
dia & Society*, redovisas
ett forskningsprojekt där   *Att finna sätt att påver-*
det undersöks i vilken   *ka stereotypiska före-*
utsträckning ett datorba-   *ställningar vore värde-*
serat rollspel kan bidra   *fullt. Låter det sig göras*
till att förändra männis-   *genom ett datorspel?*
kors stereotypiska fördo-
mar och attityder.[35]

Forskarna tog konflikten i Mellanöstern mellan
Israel och Palestina som kontext. Med utgångspunkt
i ett antal opinionsundersökningar under de senaste
decennierna, menar forskarna att det finns stereoty-
pa föreställningar om bägge länderna, deras ledare
och befolkning. Det finns också bland amerikaner
en övervikt av sympati för Israel i denna konflikt.

Med stereotyper menar forskarna enkla och för-
domsfulla sätt att kategorisera människor utifrån

särskilda kännetecken och att kategoriseringen ofta handlar om att inordna eller utestänga människor, favorisera dem eller diskriminera dem. Att finna sätt att påverka stereotypiska föreställningar vore värdefullt. Låter det sig göras genom ett datorspel?

PeaceMaker är ett så kallat persuasive videogame, ett spel som syftar till att påverka spelaren på något sätt, vilket är en egen spelgenre. Det är också en form av edutainment, som blandar spelets tävlingsmoment med lärande och påverkan. Tävlingsmomentet ska fungera som en yttre motivator att utsätta sig för påverkan.

PeaceMaker syftar till att informera och utbilda spelaren om de två sidorna i Israel-Palestinakonflikten, där spelaren med olika former av strategiskt beslutsfattande ska försöka nå en fredlig och långsiktig lösning på konflikten.

Forskarna lät 172 studenter spela spelet, där hälften fick spela rollen av den palestinske presidenten och den andra hälften rollen av den israeliske premiärministern. Både före och efter spelprocessen undersöktes deltagarnas attityder till respektive sida i konflikten.

Ur spelets databas hämtades händelser i form av information om konflikten, bilder, kartor, filmer, som illustrationer till olika aspekter av konflikten.

Utifrån dessa händelser måste spelaren göra olika val och fatta olika strategiska beslut under spelets gång. Att vinna spelet innebär helt enkelt att lyckas mäkla fred.

Själva lärandeprocessen syftar till dels en ökad kunskap och förståelse för konflikten, dels förändrade attityder till konfliktens aktörer hos spelaren. Denna typ av påverkansspel handlar inte om att deltagaren ska tränas att formulera argument, utan låta sina förutfattade meningar möta saklig information som resulterar i handlingar.

Spelarna erfar i viss mån en kognitiv dissonans, som enkelt uttryckt innebär att möta information om en företeelse som utmanar, provocerar och kanske förändrar såväl attityder som värderingar till företeelsen. Frågan för studien var om spelarnas attityder förändrades av spelandet.

Resultatet, i korthet, blev att deltagarna uppvisade tydliga förändringar i attityder till den andra sidan i konflikten än den sida deltagarna spelade i spelet. Attityderna till den motstående sidan blev mer negativa. Trots att varje student enbart spelade i 20 minuter bidrog alltså detta påverkansspel till att förändra deltagarnas föreställningar.

Behöver vi datorspel för att nå fram till våra fördomar och stereotypa föreställningar, för att förändra dem? Det klassiska sättet att uppnå detta i utbildningssammanhang har vi lärt av Sokrates; att genom dialog nå de intellektuella och moraliska utgångspunkter som formar vårt vetande och handlande – vilka därmed kan prövas och omformas.

Ett problem som studien av detta datorspel visar är att, visst, deltagarnas attityder påverkas och förändras. Men frågan är om denna specifika förändring är av godo. Det tycks mig snarare som att deltagarnas uppfattning om konflikten blev än mer polariserad, genom att deras föreställning om motsidan i konflikten blev mer negativ efter spelandet än före.

Ett annat problem studien visar, om än implicit, är att datorspel som har ett medvetet syfte att påverka spelaren intellektuellt och moraliskt lyckas med det. Därmed behöver vi även mer kunskap om hur spel som inte har detta medvetna syfte ändå påverkar spelaren.

För ingen tror väl att det är möjligt att tillverka intellektuellt, politiskt och moraliskt neutrala datorspel?

Mot en spelifiering
av arbetet

Samtidigt som informationstekniken har utvecklats de senaste decennierna, har visioner formulerats kring hur denna teknik ska kunna förnya arbetsorganisationen, effektivisera arbetsprocesser och förändra utformning av arbetsplatser. Vissa visioner har implementerats, andra inte.

Vi har fortfarande inte sett röken av det papperslösa kontoret. Den visionen formades redan på 1980-talet, medan pappersförbrukningen i realiteten ökade kraftigt i takt med bättre och billigare utskriftsteknik. Fram till i dag. Under de senaste åren ser vi en tydlig minskning av pappersanvändning, vilket skulle kunna förklaras av bättre och billigare bärbar teknik.

I slutet av 1990-talet lade sociologen Manuel Castells fram sin stora analys av informationsåldern med nätverket som den organisationsform som skulle genomsyra framtidens samhälle. I nätverksföretaget skulle arbetstagarna få helt nya roller; anförare, utformare, integratörer, operationsobjekt. Det som arbetade högt upp i organisationen skulle erhålla högre grad av självstyrning, medan de som befann sig längst ned utförde förprogrammerade uppgifter.[36]

En annan vision har handlat om det automatiska kontoret; att många informationsbehandlande kontorssysslor kan automatiseras. Det har förvisso skett en hel del automatisering av manuella uppgifter, men någon genomgripande automatisering är svår att skönja. Men i en tid när det prövas att medelst robotar som med smarta algoritmer skriver böcker, bidrar till tidningsinnehåll och liknande, kanske kontorsautomation får en skjuts.

I artikeln Visualising the future of work: myth, media and mobilities i den vetenskapliga tidskriften *Media, Culture & Society* diskuterar Justine Humphry främst 2000-talets stora vision om arbetets förändring: det mobila arbetet.[37]

86

Det tidigaste begreppet som skulle fånga den teknikdrivna förändringen av den statiska, fysiska arbetsplatsen var "the virtual office", det virtuella kontoret. Var och en skulle ha sitt kontor i sin dator. Där skulle allt som behövdes för att utföra sitt arbete finnas, inklusive de för arbetsuppgifterna nödvändiga människorna, som exempelvis kollegor, kunder och uppdragsgivare.

Emellertid var det ett annat begrepp som fick fäste på 2000-talet för att beskriva detta fenomen: "anytime, anywhere". Arbetet skulle kunna utföras när som helst, var *Bilderna som framställde de mobila arbetstagarna skilde sig väsentligt åt beträffande kön.*

som helst. Kring begreppet byggdes en diskurs av total flexibilitet, enorm frihet för arbetstagaren, liksom en aura av nydanande teknikanvändning samt att arbetet framställdes som så mycket lättare och effektivare att utföra.

Samtidigt framställdes den tidigare arbetsorganisationen där arbetstagarna arbetade på en specifik plats med kontrasterande terminologi: gammalmodig, statisk, tungrodd, långsam och ineffektiv.

Bilderna som framställde de mobila arbetstagarna skilde sig väsentligt åt beträffande kön. Den mobile mannen bodde på dyra hotell med exklusive service, förmånliga medlemskap och andra privilegier. Den mobila kvinnan var både arbetstagare och mamma; genom det mobila arbetet kunde hon bättre balansera både arbete och omsorgen om barnen i hemmet. Mannen i kostym med sin laptop, kvinnan med ett barn i famnen framför sin laptop.

I kölvattnet av det mobila arbetet följde flera organisationer upp förändringen med att ta bort de individuella arbetsplatserna – kontoren – för att skapa så kallade kontorslandskap. Eftersom den största delen av arbetet utförs i rörelse, eller på annan plats än den fysiska arbetsplatsen, ansågs det ineffektivt med individuella kontor med låg beläggning.

Det resulterade i stora öppna ytor, där vanligtvis ingen har en egen arbetsplats, utan tar plats där det finns plats; ibland fast bordsmöblering, ibland bord och stolar på hjul som kan placeras där arbetstagaren finner det lämpligt.

Det intressanta med kontorslandskapen är att vid vetenskapliga studier framstår de i negativ dager. I Sverige har psykologen Helena Jahncke med kollegor studerat störningsfaktorer i form av ljud i största allmänhet påverkar prestationer och hur kollegors samtal med varandra eller i telefon är svåra att ignorera.

Jahncke pekar i sin doktorsavhandling *Cognitive Performance and Restoration in Open-Plan Office Noise* på försämrad koncentrationsförmåga, ökad trötthet och brister i motivation vid ökat bakgrundsljud.[38]

Den allra mest aktuella visionen om arbetets förändring tar dock inte Justine Humphry upp i sin artikel. I dag är "gamification", spelifiering av arbetet på mångas agenda.

Vilka konkreta uttryck spelifiering kommer att få är ännu i sin linda, men flera som sysslar med verksamhetsutveckling och liknande omfamnar idén.

Spelifiering av arbetet innebär i allt väsentligt att låna företeelser från datorspelens värld när arbetet ska organiseras.

Spelifiering av arbetet innebär i allt väsentligt att låna företeelser från datorspelens värld när arbetet ska organiseras. När du spelar datorspel kan du få poäng eller extraliv för prestationer, få ljudeffekter eller visuella dito när du lyckas med något och erhålla statusmarkörer samt placeras i rankinglistor.

I arbetssammanhang handlar det om att skapa belöningssystem på många nivåer. Utöver lönen ska anställdas prestationer belönas för uppnådda delmål eller bra prestationer. Det handlar om att skapa tävlingsliknande situationer där någon kan vinna något. Men i grunden handlar det om att få urtråkiga arbetsuppgifter att framstå som roligare; spelifiering ska fungera som motiveringshöjare.

Arbetsprocesser som tävlingsprocesser, belöningssystem som skapar en form av betingning hos arbetstagare och ett än större fokus på prestation – som arbetstagare är man sin prestation, inte sig själv.

Man brukar skilja mellan inre och yttre motivation. Spelifiering avser att höja den yttre motivationen till att utföra ett arbete i form av såväl materiella som immateriella belöningar. Med inre motivation avses att den enskilde motiveras av sig själv, sitt intresse för arbetets innehåll, sin vilja att uppnå skicklighet eller viljan att uppnå allt högre kvalitet i sin arbetsprocess och dess resultat.

Yttre motivatorer är på intet vis fel i sig, men eskaleringen av dessa i form av spelifiering kan tyda på att arbetet utformas på ett sätt som gör att människor inte kan uppbåda någon inre motivation.

Om så är fallet, vore det inte bättre att förbättra arbetsprocesser, arbetsuppgifter och arbetsvillkor än att spelifiera arbetet?

Digitala transformationer

Alla dessa ismer. Kategorin ideologier torde innefatta flest ismer, från klassikerna liberalism, kommunism och konservatism, till något nyare anarkokapitalism och ekofeminism. Ismer finns även i religionens värld: polyteism, monoteism och ateism, liksom protestantism och katolicism.

Liksom inom patologin och psykologin: alkoholism och narcissism. Och som förhållningssätt till världen: optimism och pessimism. För att inte tala om filosofins ismer: positivism, postmodernism och pragmatism. Som sista exempel estetikens ismer: impressionism, kubism och realism.

Ovanstående är självfallet bara ett axplock av såväl ismer som kategorier av ismer. Enligt Wikipedia finns 936 ord som slutar på -ism i Svenska Akademins Ordbok. Inom IT-området har dock ismer lyst med sin frånvaro, förutom några ord som har sammansatts av teknik och etablerade ismer, som exempelvis teknikdeterminism.

Detta antal utökas nu när Pelle Snickars publicerar sin nya bok *Digitalism*.[39] Det är säkert fler än jag som följer Pelle Snickars initierade recensioner, understreckare och andra texter i SvD:s kulturdel, kring informationsteknikens betydelse för kulturen, samhället, media, journalistiken och biblioteken.

Ofta det sistnämnda, eftersom han under ett antal år var forskningschef på Kungliga Biblioteket. Från 2014 är Pelle Snickars professor i media- och kommunikationsvetenskap med inriktning mot digital humaniora vid Umeå universitet.

Digitalism är skriven i samma anda som hans kulturartiklar; hög tillgänglighet, med sikte på en bredare målgrupp än akademin. Här finns inte ens en notapparat med litteraturhänvisningar, utan enbart en kommenterad litteraturlista.

Snickars hänför termen digitalism till ideologierna; en "sociokulturell och ekonomisk vurm för i princip allt digitalt", skriver han.[40] Jag uppfattar dock inte boken som en undersökning av digitalismens ideologi, utan av de väsentliga förändringar som utgör konsekvenser av digitalism. För denna essä benämner jag dessa förändringar digitala transformationer.

Boken indelas med hjälp av ett antal begrepp som är centrala för en digital transformation: Överflöd, kvalitet, delande, öppenhet, information, lagring och digitalisering. *När det gäller informationsöverflöd pekar Snickars på en intressant historisk paradox.* Samtidigt som knappast någon kan invända mot dessa begrepp, skulle var och en kunna efterfråga ytterligare begrepp som fångar transformationer.

När det gäller informationsöverflöd pekar Snickars på en intressant historisk paradox: I dag yvs det över den enorma informationsmängd som flödar och växer exponentiell genom nätet; informationens enorma kvantitet döljer den kvalitativa informationen. Det är nonsens, menar Snickars.

Mer information är alltid bättre än mindre. Det som behöver utvecklas, och som pågår ständigt, är allt kvalitativare tekniker för sökning, filtrering och urskiljning. Att människor överlastas med informa-

93

tion är inte en farhåga enbart för vår tid. Snarare har denna farhåga luftats från Gutenbergs tid och framåt. Informationsöverflödets transformation är utveckling av teknik som förvandlar big data till kvalitativ information.

Det leder till en av de mest omvälvande transformationerna i boken: vår föreställning om kvalitet när det som ska kvalitetsbedömas går från analoga uttryck till digitala. För närvarande bygger de stora informationsaktörerna – exempelvis Google, Amazon, Spotify och Netflix – upp en rekommendationsekonomi, som i allt väsentligt består av algoritmer med ett enda syfte: Att lära känna dig och dina preferenser för att öka kvaliteten på sökresultat, böcker, musik och film.

Effekten av digitalism, menar Snickars, är att det inte går att tala om något generellt kvalitetsbegrepp.

Effekten av digitalism, menar Snickars, är att det inte går att tala om något generellt kvalitetsbegrepp. Kvalitetsbegreppet individualiseras. Kan vi fortfarande tala om generell kvalitetslitteratur eller om kvalitetsfilm? Kan redaktörer eller kritiker med sina kunskaper fungera som kvalitetsnormerare? Nej, svarar Snickars.

Hur mycket kunskap dessa än har om de verk de är satta att granska, recensera och kvalitetsbedöma saknar de den väsentligaste kunskapen – nämligen den om din personliga smak. I en rekommendationsekonomi är denna kunskap fundamental. Kvalitetsbegreppets transformation består i en rörelse från en hierarkisk kvalitetsbestämning av experter till en individuell smakbestämning av konsumenten.

En tredje transformation stavas informationskapitalismens intåg. Här menar Snickars att information sett som kapital leder till andra marknadsmekanismer. En sådan är den extrema (över)värderingen av internettjänster som aldrig uppvisar vinster, men innehar ett stort kundunderlag. Pinterest är en tjänst som inte ens har några intäkter, men värderas till 3,8 miljarder dollar. Det Pinterest dock har, är 50 miljoner unika besökare.

En annan konsekvens av informationskapitalism är konstruktionen av knapphet i det övriga informationsöverflödet. I Sverige försöker man ge e-boksmarknaden konstgjord andning genom att belägga biblioteken med en avgift om 20 kronor per kopierad e-bok, vilket har lett till att biblioteken av ekonomiska skäl måste begränsa tillgängligheten till e-böcker.

Som ytterligare ett exempel att konstruera informationsknapphet tar Snickars upp betalväggar i tidningar. Han tar VK:s betalvägg som exempel och levererar insiktsfull kritik till denna form av betalllösning.

När man läser en bok om flera och stora förändringar bör man också söka efter det som enligt författaren inte förändras. En stabil konstruktion när det gäller media tycks vara själva marknadsidén om privata aktörer som säljer varor och tjänster i en utbuds- och efterfrågemodell.

Ett av de olösta problemen, menar Snickars, är hur man bygger fungerande digitala e-marknader. Men frågan är ju om exempelvis journalistik måste produceras av privata aktörer på en marknad, om konsekvensen är inlåsning av de journalistiska produkterna. Vore det möjligt att pröva stiftelsen som finansieringsform, där stiftelsens avkastning finansierar journalistiken? Då vore det oproblematiskt för media att publicera text och bild fritt på nätet.

Pelle Snickars är i boken en tuff kritiker av snäva uppfattningar om internet. Vad Snickars analyserar är ett samhälle där internet betyder något. Det innebär inte att framställningen präglas av någon irreversibel teknikdeterminism, utan att internet och vårt beteende på internet förändrar samhälle och kultur.

Digitalism är en av de mest allmänbildande böcker jag läst om informationsåldern; ett initierat, tillgängligt och hyperaktuellt nedslag här och nu.

Wikipedia i
vetenskapens tjänst

Får man använda Wikipedia som källa? Det är inte länge sedan den frågan ställdes i tid och otid. Kanske ställs den fortfarande. Kan ett uppslagsverk som produceras av ett stort och relativt okänt kollektiv vara tillförlitligt?

Redan 1999 utvecklade Pierre Lévy idén om kollektiv intelligens i boken *Collective Intelligence*; idén om en universellt distribuerad intelligens som koordineras i realtid och resulterar i en ökning av människors kunskap och förmågor.[41]

James Surowiecki menade med en flora av exempel i sin bok *Massans vishet* från 2007 att massan, kollektivet, under rätta omständigheter är visare än de smartaste individerna i kollektivet.[42] Men är Wikipedia möjlig som referens i vetenskapliga arbeten? Umeåprofessorn Simon Lindgren, sociolog men med digital kultur och sociala medier som forskningsfokus, har studerat detta i artikeln Crowdsourcing Knowledge i tidskriften *Culture Unbound*.[43]

Han studerade förekomsten av referenser till Wikipedia i 13 000 vetenskapliga artiklar som genomgått peer review, kollegial granskning, från 2003 till 2011. Det visar sig att användningen av Wikipedia som referens ökar stadigt under denna tidsperiod, även om det fortfarande är en marginell företeelse.

Det är främst det Lindgren kallar tolkande vetenskapsområden, som exempelvis många ämnen inom samhällsvetenskap och humaniora, som referenserna till Wikipedia ökar. Inom de positivistiska vetenskaperna, som exempelvis medicin och ren naturvetenskap, är förekomsten lägre.

Lindgren studerar även hur Wikipedia används. Ett framträdande sätt är att ge läsaren en hänvisning till kompletterande information, till olika exempel på företeelser som artikelförfattaren skriver om. Ett annat sätt är att använda Wikipedia som arkiv. I stället för att söka upp ett citat eller en definition i ett originalverk, kan sådana återfinnas i Wikipedias uppslagsord.

Ett ytterligare sätt är att visserligen hänvisa till Wikipedia, men under viss osäkerhet. Man hänvisar till Wikipedia, men antyder att det torde finnas pålitligare källor.

Det finns sannolikt ett stort mörkertal i Lindgrens data, i den meningen att forskare sannolikt använder Wikipedia frekvent, utan att för den skull använda Wikipedia som en explicit referens i vetenskapliga artiklar.

Vetenskapen är i sig själv det främsta exemplet på kollektiv intelligens, eftersom ny kunskap alltid utgår från tidigare kunskap, oavsett om tidigare kunskap förkastas eller förädlas.

Även om det är i sin linda, tycks nyttan av kollektiv intelligens som genererats av ett större kollektiv öka även i vetenskapssamhället.

Vår tids överflöd
framtidens nyckelfråga

Vi lever i en tid av överflöd. Själva ordet överflöd kan ha värderande betydelser såsom välstånd eller rentav lyx, men även något mer neutral betydelse såsom ymnighet. Det centrala är att ett överflöd betecknar att det finns mer av något än det finns ett definierat eller uttryckt behov.

Det vi först tänker på när det gäller överflöd är sannolikt digital information och internet. Länge har informationsöverflöd uppfattats som ett problem, som något vi måste lära oss att hantera. Vi drunknar i information, har det utropats. Vi bombarderas av information, var ett annat panikuttryck.

Successivt har emellertid stora informationsmängder börjat uppfattas som en tillgång i stället för ett problem. Googles främsta tillgång är mängden information. När Chris Anderson myntade begreppet The Long Tail (Den långa svansen) handlade det om ekonomiskt värdeskapande i ett enormt överflöd av digitala produkter.

Att hantera knapphet har länge varit människans främsta utmaning. Därav uppkom behovet av kunskap om ekonomi, vars grekiska ursprungsbetydelse är läran om hushållandet med resurser i tillstånd av knapphet.

I dag är överflöd informationsålderns största utmaning och skulle kunna formuleras som förmågan att generera kvaliteter i tillstånd av överflöd. Än så länge har överflödet i informationsåldern handlat om digital information.

Tesen för denna essä är att en arbetsmarknadspolitik för framtiden måste behandla ett växande överflöd av mänsklig arbetskraft.

I framtiden kommer vi med stor sannolikhet att behöva hantera ett annat överflöd, som en konsekvens av utvecklingen av digitaliserade tjänster och datorstyrd robotik, nämligen ett överskott av mänsklig arbetskraft. Om detta borde vi börja tala om på allvar. En kulturpolitik för framtiden måste behandla överflödet av digital kultur. Tesen för denna essä är att en arbetsmarknadspolitik för framtiden måste behandla ett växande överflöd av mänsklig arbetskraft.

Tidigare i år publicerade Stiftelsen för strategisk forskning rapporten *Vartannat jobb automatiseras inom 20 år – utmaningar för Sverige*.[44] Här har man utgått från en välciterad studie från Oxford University, där forskarna har detaljstuderat olika yrken och de arbetsuppgifter som ingår, för att bedöma i vilken utsträckning arbetsuppgifter och yrken skulle kunna datoriseras och automatiseras.[45]

Taylorismens tidsstudiemän detaljstuderade arbetsuppgifter med syfte att skapa underlag för ackordslön. Nu detaljstuderas arbetsuppgifter med syfte att reducera mänsklig arbetskraft, till förmån för robotar.

Oxfordstudien identifierade flaskhalsar för datorisering, det vill säga arbetsmoment som kräver mänskligt utförande. Fingerfärdighet, originalitet, konstnärlighet, social förmåga, förhandlingsförmåga, övertalningsförmåga och omsorg om andra människor är exempel på sådant som är svårt för robotar att utföra.

Yrken eller arbeten som lättast kan automatiseras är inte nödvändigtvis sådana som har många utövare. Fotomodell är ett sådant exempel. Yrken som toppar automatiseringsligan och ändå har hyfsat många utövare är bokföring och redovisning, maskinoperatör, kassapersonal och försäljare i detaljhandel.

Yrken som svårligen datoriseras är skogsmästare, präster, speciallärare, politiker, chefer på olika nivåer, psykologer, socialsekreterare samt olika typer av lärare.

I storleksordningen 2,5 miljoner arbetstillfällen kommer att försvinna de närmaste två decennierna.

Och naturligtvis yrken som handlar om att konstruera och programmera datorer och robotar.

Sammantaget hävdas i rapporten att i storleksordningen 2,5 miljoner arbetstillfällen kommer att försvinna de närmaste två decennierna, med antagandet att prognoserna om datoriseringstakten håller i sig.

Det blir därmed allt svårare att sysselsätta alla arbetsföra i befolkningen med lönearbeten. Investeringar i ny teknik minskar behovet av anställda samtidigt som produktion av nya varor och tjänster inte fångar upp den arbetskraft som blir umbärlig i rationaliseringsprocesser.

Den utvecklingen borde vi egentligen sett tidigare och förberett oss bättre för. Ett problem som rapporten fokuserar är omställningsförmågan i arbetslivet, det vill säga ett samhälles förmåga att kompetensutveckla och omutbilda den del av arbetskraften som konkurreras ut av automatiska robotar.

Det är förvisso ett rimligt problem att bearbeta. Ett annat rimligt problem formuleras dock inte av denna rapport: Hur mycket ska vi arbeta i framtiden? Om 2,5 miljoner arbeten försvinner och betydligt färre nya arbeten kommer till, måste vi väl ändå överväga vilken arbetsmängd varje individ i samhället ska bidra med.

Detta leder till ett annat problem som fokuseras i rapporten: Att arbete som fundament för beskattning måste ses som ett avslutat projekt. Om allt färre arbetar måste välfärden finansieras på annat sätt än genom beskattning av lönearbete.

Visst finns det en diskussion om sådan skatteväxling för exempelvis miljövårdande syften, men om vi ska ta denna rapport på allvar måste en sådan skatteväxling intensifieras.

På samma sätt måste de resurser en produktivitetsökning som datorisering och robotisering medför fördelas på annat sätt än genom lön för genomfört arbete.

En ekonomi som handlar om att hushålla med begränsade resurser tenderar till koncentration av inkomster och förmögenheter. Kan en ekonomi som måste hantera ett överflöd av arbetskraft fördela resurser bättre?

Arbete som fundament för beskattning måste ses som ett avslutat projekt.

Pendeln slår tillbaka ända till Antikens dagar. Aristoteles idé om det goda livet var att utveckla människan, inte att arbeta. Om en stor del av samhällets arbetsuppgifter kan utföras av vår tids slavar – datorer och robotar – kanske Aristoteles idé delvis kan besannas så här drygt 2 300 år senare.

De två närmaste decennierna blir än mer spännande efter läsningen av rapporten från Stiftelsen för strategisk forskning. I dagens knapphetsekonomi ses arbetet som en resurs för individen; individer som utestängs från produktionen har genom olika politiska beslut blivit samhällets resurssvagaste.

Om två decennier kanske en delvis frånvaro av lönearbete ses som en mer betydelsefull resurs i en

överflödsekonomi; ju mindre individer deltar i pro-
duktionen, desto resursstarkare blir de.

Textkritik enligt
dataspelets logik

För ett par år sedan gick forskaren Mark Shermis ut med ett tydligt påstående, grundat på flera års forskning: Datorbaserade program – så kallade robo-graders – för bedömning och betygsättning av studentuppsatser fungerar precis lika bra som mänsklig bedömning. Dessutom utförs bedömningarna betydligt snabbare.[46]

Ha, menade en annan forskare, Les Perelman, inte en chans. Perelman visade hur man enkelt kunde manipulera en robo-grader så att man enkelt fick högsta betyg. Att avslöja vilka egenskaper i en uppsats som datorprogrammet värderade högt var inte svårt alls. Dessutom behövde en uppsats inte ens vara begriplig för att få ett högt betyg.[47]

Så dök en tredje forskare upp, Andrew Klocubar, och menade att de två föregående har tittat på helt fel aspekter av denna typ av datorprogram. Datorprogrammets funktion ska inte vara att betygsätta uppsatser, utan att ge studenter återkoppling så att studenterna förstår hur uppsatser kan förbättras.[48]

Andra forskare pekar på liknande resultat: Återkoppling i form av kommentarer och kritik från en lärare i form av

Återkoppling från ett datorprogram genererade närmast kontrasterande resultat.

en människa har snarast en negativ inverkan på studenters attityder till att revidera och skriva om uppsatser.[49]

Återkoppling från ett datorprogram genererade närmast kontrasterande resultat: Studenternas attityd till att omarbeta sina uppsatser blev överväldigande positiv. Från noll intresse att revidera utifrån lärares kritik, till närmast hundraprocentig vilja att revidera utifrån interaktionen med ett textgranskande datorprogram.

Det behöver knappast sägas att detta är enstaka studier och bör studeras fler gånger. Ändå är resultatet intressant ur minst två perspektiv. Det ena är den vana dagens ungdomar har tillägnat sig att interagera med datorprogram, kanske främst genom datorspel.

En hypotes är att de uppfattar återkopplingen från en dator som en del i ett spel, vilket triggar de belöningsmekanismer som motiverar ett fortsatt datorspelande. Att revidera sina texter upplevs därmed som en del av ett datorspel.

Den andra är att dessa resultat väcker frågor om lärares förmåga att ge återkoppling. Det finns en felaktig, men sannolikt spridd uppfattning om att textkritik handlar om att finna och beslå studenter med de fel de har gjort; att kritik blir en form av felfinnande. Då missar man positiv återkoppling i de flesta fall har betydligt större potential för ytterligare lärande.

Om datorprogram kan generera bättre återkoppling och därmed positivare läranderesultat vid studenters uppsatsskrivande bör sådana självfallet prövas. Men bedömning och betygsättning bör fortfarande utföras av läraren.

Sociala medier leder till ökad självcensur

Ny teknik har historiskt sett ofta tillskrivits för-
hoppningar om att den ska bidra till kulturell ut-
veckling, folkbildning, kunskapsutveckling och lik-
nande. Sällan har dessa förhoppningar infriats. När
telefonen togs i bruk på 1800-talet var den tidigaste
idén om dess användning att lyssna till konsertmu-
sik och kyrkopredikningar. Först senare slog idén
om samtal mellan människor igenom.

Tevemediet ansågs ha en folkbildande potential
när mediet gjordes tillgängligt för allmänheten un-
der 50- och 60-talen. Liknande ideal har även kun-
nat skönjas under informationsteknikens och inter-
nets utbredning på 1990-talet. Ett särskilt ideal som

internet behäftades med redan på 90-talet var demokratisk utveckling.

Såväl inom forskning som inom utredningsväsende fanns frågan om internets demokratiska potential högt på dagordningen. Skulle inte möjligheterna till en utökad horisontell kommunikation mellan medborgarna kunna öka medborgarnas opinionsbildande potential? Skulle inte möjligheterna till en utökad vertikal kommunikation kunna utöka de politiska representanternas kunskaper om medborgarnas uppfattningar i olika frågor?

Självfallet diskuterades även en utveckling mot en ökad direktdemokrati, för att öka medborgarnas möjligheter att direkt fatta beslut genom elektroniska folkomröstningar. Den demokratimodell som har diskuterats mest, och ansågs ha störst potential med internets utbredning, är emellertid den deliberativa demokratin.

En vardagligare beteckning är deltagardemokrati, där deltagandet inte innebär beslutande omröstningar, utan ett deltagande i det demokratiska, politiska samtalet. Antagandet bakom den deliberativa demokratin är att bättre – mer demokratiska – beslut kan fattas ju fler medborgare som deltagit i politiska samtal. Representativ demokrati framstår ofta som expertstyrd och ger medborgare inflytande främst vid allmänna val.

Den senaste stora demokratiutredningen i Sverige förordade i sitt slutbetänkande *En uthållig demokrati* (SOU 2000:1) den deliberativa demokratin som en modell för Sverige att efterleva. Deltagande, inflytande och delaktighet var de centrala begreppen.[50]

Olika experiment har genomförts för att pröva denna modell: medborgarpaneler och medborgarkonvent. I USA utvecklades så kallade Community Networks; *Borde inte det spontana samtalet i sociala medier ändå kunna bidra till det deliberativa demokratiidealet?* digitala, geografiskt sammanhållna nätverk för medborgardeltagande. Vanligtvis har det emellertid stannat vid experiment.

Borde inte det spontana samtalet i sociala medier ändå kunna bidra till det deliberativa demokratiidealet? Tesen för denna essä är att sociala medier riskerar att stjälpa, snarare än hjälpa, det demokratiska samtalet i deliberativ anda.

Pew Research Center är ett amerikanskt forskningscentrum som regelbundet gör omfattande undersökningar av bland annat internetrelaterade fenomen. Centrets senaste forskarrapport handlar om hur människor använder sociala medier för diskussioner om samhällsfrågor och hur deltagandet i sociala medier påverkar människors beteenden i samtal med människor utanför nätet.[51]

Ett antal frågor ställdes till 1 800 vuxna amerikaner kring Edward Snowdens avslöjanden om hur NSA övervakar amerikanska medborgare. Man valde alltså att enbart hålla sig till en samhällsfråga genomgående i undersökningen. Att Snowdenfrågan och statlig övervakning valdes motiveras främst med att det är en fråga som enligt tidigare undersökningar visar sig dela amerikaners åsikter.

Många anser att Snowdens avslöjanden skadar medborgarnas intressen, medan minst lika många anser att det ligger i medborgarnas intresse. Det borde borga för att det finns intresse hos amerikaner att diskutera detta ämne, såväl i sociala medier som i andra sociala sammanhang.

Studien visade att man är mycket intresserad av att diskutera detta ämne med andra ansikte mot ansikte, exempelvis under middagar, krogbesök och på arbetsplatsen. Däremot är intresset betydligt lägre att diskutera detta ämne i sociala medier.

Användare av sociala medier tenderar att ha en god koll på vilka åsikter deras vänner och följare har. Det visar sig att den som hyser en åsikt i en fråga, med vetskapen om att åsikten skiljer sig markant från de åsikter vännerna och följarna har, tenderar man att inte föra fram den åsikten, eller ens diskutera själva ämnet.

Ju fler som tycker annorlunda än jag, desto högre är sannolikheten att jag idkar självcensur i sociala medier.

Studien går ett steg till och visar även att denna inställning spiller över på vår benägenhet att diskutera olika ämnen utanför nätet; på arbetsplatsen eller på andra mötesplatser.

Studiens övergripande resultat är att den pekar på en medial företeelse som benämns "the spiral of silence".

Såväl Facebookanvändare som Twitterdito drar sig för att diskutera en kontroversiell fråga i det fysiska rummet, om de vet att många av deras vänner och följare i sociala medier hyser en motsatt uppfattning.

Studiens övergripande resultat är att den pekar på en medial företeelse som benämns "the spiral of silence". Tystnadens spiral. Uttrycket myntades redan på 70-talet och innebär att vi är ovilliga att uttrycka vår uppfattning om vi på förhand vet eller anar att vi är i minoritet.[52]

Vad ovanstående studie visar är dels att tystnadens spiral går att identifiera i sociala medier, dels att tystnadens spiral på nätet leder till en ökad självcensur även utanför nätet.

En tentativ slutsats som kan dras från denna studie är att sociala medier på internet inte har goda förutsättningar att bidra till en utveckling av den deliberativa demokratin. Sociala tekniker som hämmar snarare än stödjer samtal om politik och samhällsfrågor leder inte till ett ökat demokratiskt deltagande i deliberativ anda.

Studien går självfallet att kritiseras. Sociala medier avgränsas till att avse Facebook och Twitter. Det finns andra fora med andra egenskaper på nätet där samtal förs. Påvisas samma eller andra effekter där?

Frågan är också om samma resultat hade nåtts om man valt ett annat ämne än Snowdens avslöjanden av NSA:s övervakning. Skulle samma effekter uppnås om ämnet handlade om, säg, klimatfrågan?

Trots dessa invändningar pekar ändå studien på sannolikheten för konformism sociala medier. Och studien pekar på något synnerligen intressant att studera vidare: Hur beteende i sociala medier spiller över på beteende i andra sammanhang.

Delandet är
meddelandet

Den kanske mest kända tesen från mediehistorien är Marshall McLuhans tes "The media is the message".[53] Mediet är budskapet. För att förstå en medial utveckling kan vi inte enbart fokusera på mediers innehåll, utan själva det medium som möjliggör innehåll. Ett digitalt medium förstår vi oftast som ett avgränsat objekt, som en programvara med vissa kommunikativa egenskaper.

Facebook, YouTube, Instagram, Twitter med flera sociala medier är avgränsade programvaror som kan förmedla informationsinnehåll i form av texter, bilder och ljud. I McLuhans anda bör vi därmed förstå dessa sociala medier och hur de påverkar oss individuellt och strukturellt.

Frågan är emellertid om sociala medier bäst förstås som från varandra avskilda objekt, eller om vi ska applicera McLuhans tes på egenskaper som förenar de olika sociala medierna. En fundamental egenskap hos alla sociala medier är möjligheten – och imperativet! – att dela informationsinnehåll med andra.

Tesen för denna essä är att "Sharing is the message", det vill säga att delandet är meddelandet. Hur ser delandets anatomi ut? Vad delas? Varför delas det? Är det möjligt att utforma digitalt material för spridning? Kan vi urskilja specifika mekanismer som genererar spridning?

I rapporten *Delad glädje är dubbel glädje?* har medieforskarna Ingela Wadbring och Sara Ödmark studerat hur *Tesen för denna essä är att "Sharing is the message".* svenska nyheter delas vidare i sociala medier.[54] Studien är begränsad i såväl tid som omfång, men här identifieras två intressanta faktorer. Den ena faktorn handlar om vilka som sprider nyheter i sociala medier. I rapporten benämns de mest frekventa nyhetsspridarna opinionsledare.

Opinionsledarnas karakteristika är att de har högre utbildningsnivå och politiskt intresse än genomsnittet och bor i städer. Könsfördelningen är jämn. De har även i betydligt lägre utsträckning familj eller barn, vilket antyder att de har mer tid att vara aktiva på nätet. Dessa personer är också betydligt aktivare nätanvändare än de som enbart tar del av nyheter utan att dela vidare.

En annan faktor berör vad som delas. Här konstateras att det ämnesmässigt främst är texter om politik och/eller ekonomi samt att det i hög utsträckning utgörs av opinionsmaterial. Den främsta karaktäristiken av innehållet är att det i någon mening är kontroversiellt, det vill säga väcker känslor och debatt.

Ovanstående är dock mekanismer avgränsade till spridning av svenska nyheter i sociala medier. Finns det generella mekanismer? Går det att påverka spridbarheten av information? Medieforskarna Henry Jenkins, Sam Ford och Joshua Green söker svar i boken *Spridbar media*.[55]

Mot bakgrund av hur svårt det är att förutse vad och hur mycket som sprids, har medieproducenter länge tillämpat en slags passiv strategi: överproduktion enligt en sorts 80/20-regel. Om 20% en viss medieaktörs produktioner sprids med framgång, producerar denne ändå ytterligare 80% som inte genererar någon framgång, eftersom det inte har varit möjligt att på förhand urskilja vilka medieprodukter eller vilket medieinnehåll som når spridning.

Ett antal förutsättningar bör vara uppfyllda för att digitalt material ska delas, menar författarna. Det bör vara tillgängligt närhelst människor önskar ta del

En annan viktig faktor är att digitalt material bör vara "producerbart" för människor.

av det. Med utvecklingen av mobil teknik är portabilitet synnerligen viktigt, det vill säga att digitalt material kan nås från olika tekniska plattformar. Materialet bör även vara såväl relevant som lättåtkomligt för en stor mängd användare, snarare än inneslutet i avgränsade ekosystem. Därför bör digitalt material som vill spridas ingå i ett ständigt digitalt flöde – men kunna urskiljas.

En annan viktig faktor är att digitalt material bör vara "producerbart" för människor. Med producerbart avses att vi kan läsa, tolka och till och med använda det digitala materialet på olika sätt, i stället för enbart det sätt som ursprungsproducenten avsåg. Ett exempel kan vara de olika varianter av "Hitlerfilmer" på nätet, där ett kort klipp ur filmen *Undergången* kan textsättas av vem som helst, så att dessa filmsnuttar ofta utgör kreativa, humoristiska och seriösa inlägg i en pågående debatt om stort som smått.

Nyckelordet för att skapa spridbar media blir därmed publikdeltagande; att digitala medieproducenter inte ser publik som passiva åskådare, utan inbjuder till aktivt deltagande genom att det digitala materialet kan utgöra resurser för kollektiva meningsutbyten i pågående samtal. Den som lyckas skapa "kulturella aktiverare" når högre spridning. Längre än så har vi nog inte kommit ännu i sökandet efter viralitetens heliga graal. Riktigt vad kulturella aktiverare är och hur sådana fungerar vet vi fortfarande inte.

Frågan om hur digitalt material bör utformas för spridbarhet har hittills rört främst journalistik, opinionsbildning och populärkultur. Andra digitaliserade domäner i samhället där det råder överflöd söker liknande mekanismer för spridbarhet.

Den som lyckas skapa "kulturella aktiverare" når högre spridning.

Vetenskap, exempelvis. Med den bibliometriska utvecklingen, där forskningskvalitet mäts dels i volym av publikationer, dels i mängden citeringar, torde forskare vilja skapa spridbar forskning. Ett sätt är att lägga upp sina publikationer på sajter som exempelvis Academia. edu med lockande nyckelord för att nå ut till fler forskare för att uppnå fler citeringar.

Vetenskapliga artiklar kommer sannolikt att formuleras på sätt som optimerar deras sökbarhet och åtkomst i olika typer av sökmotorer och därmed öka spridningen. Rubriksättning, nyckelord, begrepp för teoretiska och empiriska företeelser utformas för att väcka intresse snarare än något annat. Samt självfallet själva forskningsämnena. Om spridbarhet blir kriteriet för lyckosam forskning, måste spridbara forskningsämnen väljas.

Ännu har nog ingen övervägt hur vetenskapen ska inbjuda till publikdeltagande för att öka spridbarheten, men det är nog bara en tidsfråga. "Vetenskapliga aktiverare" kan bli nyckeln till att öka spridbarheten av vetenskapliga resultat.

Noter

1   Anderson, Chris (2012). *Makers: The New Industrial Revolution*. Förlagsort: Crown Business.

2   Ibid, s 84.

3   Love, Dylan (2012). The Morality of Making Guns on a 3D Printer. *Business insider*, 121126. Webbpublikation, senast hämtad 141007.
<http://www.businessinsider.com/3d-printer-guns-morality-2012-11>

4   Bjurwald, Lisa (2013). *Skrivbordskrigarna. Hur extrema krafter utnyttjar internet.* Stockholm: Natur & Kultur.

5   Ibid, s 165.

6   Ibid, s 164-166.

[7] Nozick, Robert (1986). *Anarki, stat och utopi.* Stockholm: Ratio.

[8] Baudrillard, Jean (1986) Massorna: det socialas implosion i medierna. I: Löfgren, Mikael & Molander, Anders (red.): *Postmoderna tider?* Stockholm: Norstedts.

[9] Friedman, Thomas (2013). Revolution Hits the Universities. *New York Times,* 130126. Webbpublikation, senast hämtad 141027.
<http://www.nytimes.com/2013/01/27/opinion/sund
ay/friedman-revolution-hits-the-
universities.html?_r=1&>

[10] Mahraj, Katy (2012). Using Information Expertise to Enhance Massive Open Online Courses. *Public Services Quarterly,* vol 8, nr 4, s 359-368.

[11] Europeiska kommissionen (2013). *EU-kommissionär Androulla Vassiliou välkomnar det första alleuropeiska initiativet för omfattande, öppna universitetskurser på nätet – MOOC.* Pressmeddelande. Webbpublikation, senast hämtad 141027.
<http://europa.eu/rapid/press-release_IP-13-
349_sv.htm>

[12] Nebel, Cecilia (2012). Lund vill utbilda hela världen. *Sydsvenskan,* 121219. Webbpublikation, senast hämtad 141027.
<http://www.sydsvenskan.se/lund/lund-vill-utbilda-
hela-varlden/>

[13] Paulsen, Roland (2010). *Arbetssamhället. Hur arbetet överlevde teknologin.* Stockholm: Gleerups.

[14] Berardi, Franco (2012). *Den arbetande själen.* Stockholm: Tankekraft förlag.

[15] Ibid, s 25.

[16] Bernhardtz, Victor (red) (2012). *Skitliv. Ungas villkor på en förändrad arbetsmarknad.* Stockholm: Atlas.

[17] Datainspektionen (2011). *Tillsyn enligt personuppgiftslagen (1998:204), PuL. LifeGene.* Datainspektionens beslut, Dnr 766-2011. Webbpublikation, senast hämtad 141027. <http://www.datainspektionen.se/Documents/beslut/2011-12-19-lifegene.pdf>

[18] Mayer-Schenberger, Viktor och Cukier, Kenneth (2013). *Big Data. A Revolution That Will Transform How We Live, Work, and Think.* Boston, Mass: Houghton Mifflin Harcourt.

[19] Wallström, Martin (2013). Coop kartlägger kunder med big data. *Computer Sweden,* 130805. Webbpublikation, senast hämtad 141027. <http://computersweden.idg.se/2.2683/1.516906/coop-kartlagger-kunder-med-big-data>

[20] Kahneman, Daniel (2012). *Tänka, snabbt och långsamt.* Stockholm: Volante.

[21] Castells, Manuel (1999). *Informationsåldern: ekonomi, samhälle och kultur.* Band 1: *Nätverkssamhällets framväxt.* Göteborg: Daidalos.

Castells, Manuel (2000). *Informationsåldern: ekonomi, samhälle och kultur*. Band 2: *Identitetens makt*. Göteborg: Daidalos.

Castells, Manuel (2000). *Informationsåldern: ekonomi, samhälle och kultur*. Band 3: *Millenniets slut*. Göteborg: Daidalos.

[22] Dagens Nyheter (2013). Retorisk analys av debatten. *Dagens Nyheter*, 131007. Webbpublikation, senast hämtad 141027.
<http://www.dn.se/valet-2014/retorisk-analys-av-debatten/>

[23] Tarde, Gabriel (2012[1903]). Imitationens lagar. I Tarde, Gabriel, Durkheim, Émile och Weber, Max (2012). *Tre klassiska texter*. Göteborg: Korpen Koloni, s 35.

[24] Wallach, Dan (2013). Your TV is spying on you, and what you can do about it. *Freedom to Tinker*. Webbpublikation, senast hämtad 141027.
<https://freedom-to-tinker.com/blog/dwallach/your-tv-is-spying-on-you-and-what-you-can-do-about-it/>

[25] Oulasvirta, Antti et al (2012). Long-term Effects of Ubiquitous Surveillance in the Home. *UbiComp' 12*, Sep 5–Sep 8, 2012, Pittsburgh, USA.

[26] Ibid, s 48.

[27] Fleischer, Rasmus (2013). *Tapirskrift*. Stockholm: Axl Books.

[28] Ibid, s 16.

29   Ibid, s 224.

30   Gadamer, Georg (1997). *Sanning och metod (i urval)*. Göteborg: Daidalos.

31   Fleischer (2013), s 249.

32   Ibid, s 266.

33   Han Byung-Chul (2013). *Trötthetssamhället*. Stockholm: Ersatz.

34   Ibid, s 23.

35   Alhabash, Saleem och Wise, Kevin (2014). Playing their game: Changing stereotypes of Palestinians and Israelis through videogame play. *New Media & Society* March 2, 2014.

36   Castells, Manuel (1999). *Informationsåldern: ekonomi, samhälle och kultur*. Band 1: *Nätverkssamhällets framväxt*. Göteborg: Daidalos.

37   Humphry, Justine (2014). Visualising the future of work: myth, media and mobilities. *Media Culture & Society*, vol 36, nr 3, s 351-366.

38   Jahncke, Helena (2012). *Cognitive performance and restoration in open-plan office noise*. Luleå: Luleå tekniska universitet.

39   Snickars, Pelle (2014). *Digitalism*. När allting är internet. Stockholm: Volante.

40   Ibid, s 27.

41   Lévy, Pierre (1997). *Collective Intelligence*. New York: Plenum Press.

[42] Surowiecki, James (2007). *Massans vishet.* Stockholm: Santérus.

[43] Lindgren, Simon (2014). Crowdsourcing Knowledge. Interdiscursive Flows from Wikipedia into Scholarly Research. *Culture Unbound*, vol 6, nr 31, s 609-627.

[44] Stiftelsen för strategisk forskning (2014). *Vartannat jobb automatiseras inom 20 år – utmaningar för Sverige.* Stockholm: Stiftelsen för strategisk forskning. Webbpublikation, senast hämtad 141027.

<http://www.stratresearch.se/Documents/Folder.pdf>

[45] Frey, Carl Benedikt och Osborne Michael (2013). *The Future Of Employment: How Susceptible Are Jobs To Computerisation?* September 17, 2013. University of Oxford. Webbpublikation, senast hämtad 141027.

<http://www.oxfordmartin.ox.ac.uk/downloads/academic/The_Future_of_Employment.pdf>

[46] The University of Akron (2012). *Man and machine: Better writers, better grades.* Webbpublikation, senast hämtad 141027.

<http://www.uakron.edu/im/online-newsroom/news_details.dot?newsId=40920394-9e62-415d-b038-15fe2e72a677&crumbTitle=Man%20and%20%20machine:%20Better%20writers,%20better%20grades>

[47] Perelman, Les (2013). Critique of Mark D. Shermis & Ben Hamner, "Contrasting State-of-the-Art Automated

Scoring of Essays: Analysis". *Journal of Writing Assessment*, vol 6, nr 1.

[48] Giles, Jim (2011). Automated marking takes teachers out of the loop. *New Scientist*, 110904. Webbpublikation, senast hämtad 141027.

<http://www.newscientist.com/article/mg21128285.200-automated-marking-takes-teachers-out-of-the-loop.html#.VFNSgSiyKMz>

[49] Ebyary, Khaled El och Windeatt, Scott (2010). The Impact of Computer-Based Feedback on Students' Written Work. *International Journal of English Studies*, vol 10, nr 2, s 121-142.

[50] SOU (2000:1). *En uthållig demokrati. Politik för folkstyrelse på 2000-talet.* Stockholm: Justitiedepartementet.

[51] Hampton, Keith et al (2014). *Social Media and the 'Spiral of Silence'.* Pew Research Center. Webbpublikation, senast hämtad 141027.

<http://www.pewinternet.org/2014/08/26/social-media-and-the-spiral-of-silence/>

[52] Noelle-Neumann, Elisabeth (1984). *The spiral of silence. Public opinion, our social skin.* Chicago: University of Chicago Press.

[53] McLuhan, Marshall (2001). *Media.* Stockholm: Pocky.

[54] Wadbring, Ingela och Ödmark, Sara (2014). *Delad glädje är dubbel glädje? En studie om nyhetsdelning i sociala medier.* Sundsvall: Demicom, Mittuniversitetet.

[55]   Jenkins, Henry, Ford, Sam och Green. Joshua (2014). *Spridbar media. Att skapa värde och mening i en nätverkad kultur.* Göteborg: Daidalos.